Gesellschaft der Angst

Heinz Bude

焦虑的社会

德国当代的恐惧症

［德］海因茨·布德 著

吴宁 译

我要用一把灰尘,将恐惧展示与你。

——T.S. 艾略特

目 录

001 ... 前言

005 ... 第一章　恐惧作为原则问题

033 ... 第二章　对不可解除关系的向往

053 ... 第三章　对自我类型的不适应感

071 ... 第四章　假如赢家卷走了一切

089 ... 第五章　中间阶层的地位恐慌

123 ... 第六章　社会下层日常的拼搏奋斗

137 ... 第七章　支离破碎的自我

153 ... 第八章　见不到人的统治

183 ... 第九章　情感的力量

205 ... 第十章　别人的恐惧

223 ... 第十一章　几代人行为的经验教训

249 ... 参考文献

267 ... 鸣谢

前　言

若要读懂一个社会的状况，那就必须先了解和倾听人们的各种现实经验。如今，社会大众所获得的各类数据信息，诸如贫困风险比率、中产阶层萎缩、郁闷情绪蔓延或是刚步入选举年龄的选民参选投票率下降等，可谓五花八门。但是，人们所得到的这些数据结果究竟有何意义，它们又处在什么样的上下文关系当中，却往往语焉不详，让人如堕五里雾中。

然而，毋庸置疑的是，这些繁杂多样的数据反映出了存在于社会结构和个人生活态度之间相互适应关系中的一系列变化。因此，认知心理学、行为经济学和大脑生理学等学科纷纷开始对记录人的自我行为的"黑匣子"展开研究（这里，在没有传统范例和常规模式的情况下，人的自我起着一种信息媒介的作用）。

与此同时，建立在相关研究成果基础上的各种出谋划策和提供指导性建议的出版物，也纷纷用精神方面的激活程序和缓解压力的身体锻炼进行各种广告宣传，吸引顾客。

这里，只有当社会学严肃认真地把自己当作是一门经验科学时，它才有可能参与到这场全社会的牌局游戏之中。人的生活经历不仅是经验科学和个人生活实践的取证源泉，而且，除了各种类型的探讨争论是其表现方式外，形形色色的社会结构也是它的建筑基础。但是，若要对发表在网络博客中的言论，以及报刊文章、医学公告或是民调结果进行分析研究，那么，研究工作的关联点必须是其中所表现出的各种人生经验。

当今社会一个至关重要的经验概念是恐惧概念。在这里，恐惧代表着人们的感受、他们所认为重要的事物、他们的希望所在，以及他们所面临的绝望处境。透过恐惧概念的各种含义，我们可以洞见一个社会正朝向哪个方向发展，冲突产生的根源何在，某些人群

前言

的悲观心态何时发生,以及末日情绪或激愤不满以怎样的方式传播蔓延等诸种信息。恐惧告诉我们,我们自己究竟出了什么问题。如今,社会学若要弄懂吃透身在其中的社会,就必须对恐惧的社会进行一番深入细致的考察研究。

第一章
恐惧作为原则问题

第一章　恐惧作为原则问题

现代社会中，恐惧是一个与所有人皆有千丝万缕联系的话题。面对不同的社会阶层,恐惧不分高低贵贱，或贫或富，皆一视同仁，平等相待——不论电脑屏幕前的股票操盘手和返回发货中心途中的快递小哥也好，或是从幼儿园接回自己孩子的麻醉师母亲和在化妆镜前端视自己的模特儿也罢，莫不如是。而且，就其本质而言，恐惧的类型也同样花样繁多，不胜枚举，诸如上学的恐惧、登高的恐惧、贫困的恐惧、心灵的恐惧、恐怖袭击的恐惧、地位下降的恐惧、受约束的恐惧、通货膨胀的恐惧等，不一而足。总而言之，人们可以制造出不同时间方向上的恐惧——有人可能害怕未来，因为迄今为止，他的人生旅途始终一帆风顺；有人可能害怕做出下一步的举措，因为对某个选项的决定总是意味着对另一个选项的否定；有人甚至可能害怕过去，因为一件陈年旧事也许会再度沉渣泛起。

借助其功能等效系统理论始终能在世间万物中找到问题解决办法的尼可拉斯·卢曼（Niklas Luhmann）[1]，在恐惧中发现了或许是现代社会唯一的、所有社会成员皆可能表示认同的先验特征。倘若所有原则都成了相对原则，那么恐惧则始终是一个绝对有效的原则。[2] 不仅一名穆斯林妇女可以同一名女无神论者谈论恐惧，而且一名信奉自由主义的玩世不恭者也可以同一名无可奈何的人权人士探讨这个话题。

然而，我们无法让任何人相信，他的恐惧和担忧是毫无根据的无中生有。在人们就此话题的对话交流中，恐惧充其量只能得到抑制和减轻，当然，这要以理解和不反驳对方的恐惧为首要条件。在心理治疗过程中，我们常常见到这样的情形：认识到自己的恐惧可以使人变得更加心情开朗和如释重负，这样，不论哪里出现恐惧，他均无须立刻用抵制和反驳的态度来对之做出反应。

---

[1] 尼可拉斯·卢曼（1927—1998），德国社会学家和社会理论家，主要著作有《社会的社会》《社会系统》等。——译者注
[2] 尼可拉斯·卢曼：《生态交流》，第158页。

第一章　恐惧作为原则问题

尽管恐惧具有明显的散播特性，但作为当前公众社会话题的种种恐惧却能折射出某个特定社会历史的状况。通过恐惧的各种概念，社会成员可以就其共同生活的现状进行沟通交流——何人的生活蒸蒸日上，何人的境遇每况愈下；何处正在衰败没落，何处已经濒临深渊；何种事物无可奈何花落去，何种事物柳暗花明又一村。在恐惧的各种概念中，一个社会能够感觉到自身脉搏的跳动。

在纳粹上台前夕，于1932年出版的社会结构分析经典著作《德意志民族的社会阶层》(*Die Soziale Schichtung des Deutschen Volkes*) 中，特奥多尔·盖格尔 (Theodor Geiger) [3] 正描述了这样一个充满着受排挤的恐惧、失去了自己的价值地位和处于抗争状态的社会现状，于是，时代的各类典型人物此时也应运而生——对以社会民主方式组织起来的消费团体恨之入骨的小商人，有暴力造反倾向、依靠自己一亩三分地

---

[3] 特奥多尔·盖格尔（1891—1952），德裔丹麦社会学家。——译者注

焦虑的社会：德国当代的恐惧症

自食其力并且由于远离人群而变得性情古怪的个体手工业者，以及剃着板寸头、受到配给制的威胁、梦想成为时尚酷男的年轻办公室职员；除此之外，还有从对职业危险英雄式的美化中获得其自身价值感、在工会集体利益上有更多行会同仁思想而非有大型组织和阶级意识的矿山工人，或是根据薪水级别和职务等级来划分其地位，越低就越发酸溜溜地紧抱着自己手中的权力不放，并越发急不可耐地以此作为炫耀资本的小官僚，以及正在经历自己的文凭不断贬值、其社会阶层逐渐消亡和就职无门的年轻知识分子大军。此外，还有来自资本家阶层的、彼此之间互不服气的各种人物：对资本主义自身所具有的全球经济思想不屑一顾的易北河东部地区的大地主；不仅到处伸手而且其社会出身无法确定、靠资本投资生财过日子的退休人士；因其相对的不动产设备，自几代人以来被固定在某个生产基地的工业巨头；以及依靠其连锁百货公司给城市老百姓供应时装与海外美味食品的头脑精明的商业巨贾。最后，同样应当提到的是那些心灵上受到世界

第一章　恐惧作为原则问题

经济危机创伤、正形成一个非正常阶级的失业者,他们一无所有,因而认为世事万变,无永恒价值可言。

所有这些人物都被一种在历经了某种(他们身处其中的)社会制度而得以幸存下来的感觉,汇集到了一幅由盖格尔用信手拈来和生动准确的笔调所描绘的社会图景中。不论是从工人家庭的多次阶层变换中产生的,抑或是从昔日受过文化教育的人群中转化来的白领阶层也好,还是紧抱着财产观念不放的"旧日中产阶层",以及分散为各种各样的利益群体的中产市民阶级也罢,所有这些人群和阶层均未能为自己,也未能为整体找到他们可以有认同感的一种社会和政治的表现形式。社会民主党的形象和表现因循守旧,思想僵化,其核心虽然看似更为兼收并包、有容乃大,但不得不将一种托马斯主义[4]和天主教的社会哲学奉为至宝,而且,正如在迷茫中寻找支持和依靠的各个

---

[4] 此处指的是欧洲中世纪时代意大利神学家和经院哲学家托马斯·阿奎那(Thomas Aquinas, 1225—1274)所代表的一套神学和哲学体系。——译者注

焦虑的社会:德国当代的恐惧症

社会阶层与各类利益团体一样,信奉自由主义经济和民族自由主义的政党也左右摇摆,立场不定。处在这样一种境况中,谁若是对那些遭到碾压、望洋兴叹和重新滑入社会边缘的恐惧,不仅有能力承受,而且能将这些恐惧拧成一股力量,并将其锋芒指向一个新的目标,那么,他就能够对整个社会进行一次全面的宣传和鼓动。在希特勒上台的前一年,特奥多尔·盖格尔洞见了体现在年轻一代人身上的勇气和闯劲,他们不与历史同流合污,而是将自己扮演为一场民族行动主义承载者的角色,并借此将山雨欲来风满楼的恐惧变成一个新时代的动力。今天我们知道,从这一系列历经专制年代的人群当中涌现出了世界观的先锋人物,直到战后的70年代,这些工业社会引领潮流的精英不单单是活跃在德国的舞台上。[5]

将恐惧主题及消除恐惧的策略置于20世纪的政治议事日程上的是时至今日仍然作为国家领导人

---

[5] 维尔特:《无条件的一代》。

第一章　恐惧作为原则问题

而备受敬仰的富兰克林·D.罗斯福（Franklin D. Roosevelt）。在经历了"大萧条"的年代之后，作为美利坚合众国第三十二任总统，他于1933年3月4日在就职演说中道出了一句将作为一项新政策基础的名言："我们唯一应当恐惧的就是恐惧本身。"[6]

　　自由的人们不应当在恐惧面前表现出恐惧，因为这可能付出自决权的代价。但凡被恐惧所驱使，就会明哲保身、否认现实及错失良机。恐惧使人们对那些蛊惑人心者、好为人师者和江湖骗子产生依赖感；恐惧导致多数人的专制，因为所有人就像狼群一样会发出同一种嚎叫；恐惧使那些玩弄沉默不语的大众人群的思想和情感之人得逞，因为没有人敢于站出来登高一呼；并且，倘若刀光剑影、火药味甚浓，这时，恐惧将会使全社会陷入一片惊慌和迷茫之中。因此，人们应当这样来理解罗斯福的那句话，即国家政治首要和最崇高任务，就是为人民大众消除他们心头的恐惧。

---

[6]　富兰克林·D.罗斯福：《1933年3月4日就职演说》，第11—16页。

焦虑的社会：德国当代的恐惧症

人们可将20世纪下半叶的全部历史进程看成是对罗斯福号召的回应：消除对丧失劳动能力、失业和老年贫困的恐惧，应当构成具有自信心的人民大众的生存背景，目的是让他们在表达自己的利益诉求时，在无所记挂的自由中自己组织起来，以及不仅让他们按照自己所选择的原则和优先权自由地生活，而且在关键时刻，用自由的思想与有权有势者进行抗争。这里，借用弗朗茨·克萨维尔·考夫曼（Franz Xaver Kaufmann）[7]的一句话来说就是——由于恐惧政治的出现，"安全作为社会学和社会政治的问题"[8]也随之产生。

对于跌入低谷中的人，应当扶他一把；对于失去人生目标的人，应当给予他指导和支持；因出生而受到不公正待遇的人，应当得到补偿和慰藉。因此，今天的福利国家旗帜鲜明地把对教育程度较低人群的能力培养、为负有沉重债务的个人和家庭提供咨询服务，

---

[7] 弗朗茨·克萨维尔·考夫曼，1932年生于瑞士，自1963年起以社会学家身份生活在德国。——译者注
[8] 弗朗茨·克萨维尔·考夫曼：《安全性作为社会学和社会政治的问题》。

第一章　恐惧作为原则问题

以及为经济条件差的家庭的孩子提供补偿教育,作为自己的为政方针。这里,政府的任务不仅仅是与贫困、被排除在社会之外和普遍存在的不公平社会待遇做斗争,而且消除对被边缘化、权利被剥夺和遭到歧视的恐惧,也同样功德无量,意义重大。

由此,一种特定的反身效应也随之产生。通过与作为原则的恐惧的关联关系,福利国家的社会保障、教育和补偿措施就将自己置于受大众情绪的左右摆布之中。政府的社会保障、由劳工局改革而来的就业中心,以及形形色色的质量保证机构能够摒除人们对恐惧的恐惧吗?在罗斯福眼里,与恐惧打交道乃是衡量民众幸福和社会团结与否的一种决定性的尺度。在使他首次获得竞选成功的选战期间,他曾公开说道,他仔细观察了成千上万美国人的面孔,发现"他们的样子看起来像是失去父母关爱的孩子一般。"[9]

---

[9] 罗斯福与《纽约时报》记者安妮·欧海尔·麦考密克(Anne O'Hare McCormick)的访谈,见麦考密克:《重要关头的两个男人》,手稿第1页及下页。

焦虑的社会：德国当代的恐惧症

那么，在我们今天的社会中，恐惧又是如何一番情形呢？相对而言，德国人的日子还是比较好过的。比之2008年陷入世纪经济危机时的状况，这个国家在走出危机之后，其国力的确变得更加强大了——失业人数下降，无论人们对此衡量数字作何评价；经济持续增长，尽管与战后的黄金年代相比不可同日而语；社会福利国家运转正常，虽然诸多群体，如多子女家庭、独自拉扯子女的妇女或是处于非典型性劳动关系中的人员等，其生活依然困难重重。由此，人们可以认为，与20世纪30年代不同，恐惧似乎正在变成一种因逐渐脱离社会范畴而得不到公众关心的个体和私人的事务。

然而值得注意的是，福利国家的发展在20世纪下半叶被装进了一个前所未有的、现代社会的一体化承诺框架之中——任何一个发奋图强、为自身教育有所付出以及表现出某种工作能力的人，皆能在社会上找到一个与之相匹配的位置。人的社会地位不再受家庭出身、肤色、宗教或性别的预先决定，而是可以受

第一章　恐惧作为原则问题

到意志、力量、符合自己愿望与理想的努力的左右和影响。就大多数人而言，机遇和偶然要比目标和抱负起着更加重大的作用，这种情况通常可以得到人们的接受和认可，因为尽管如此，人们所达到的社会地位，回首来看乃是一个可以被认为是通过努力所得到并当之无愧的地位。

那么，如今还会有人对此笃信不疑吗？毫无疑问，我们今天生活在一个不看重分配而来的地位，而看重通过努力所得到地位的现代社会之中。社会结构分析理论反复予以证实的、长期的社会不平等现象的事实，并不能对这一原则有一丝一毫的改变。绝大多数年轻人均相信，我们处在一个金字塔式的阶级社会中，在这个社会里，不可能有从社会底层向社会高层的攀升过渡。然而就其自身而言，这些年轻人则完全肯定地认为，他们能够按照自己的方式去过自己的生活。[10]

---

[10] 例如受 *Brigitte* 杂志的委托，在年轻女性中进行的民意调查所得到的相关结果，见阿尔门丁格尔：《跃升中的女性》。

尽管如此，关于"要经历实践的一代人"的概念依然未有改变。这代人虽然手握各种最优秀的文凭，但是为了有朝一日得到一份好工作，他们如今不得不为五斗米而折腰。经过此阶段之后，他们职业生涯中的一路顺风顺水及功成名就便不再如此这般艰难困苦，但是，与1965年前后出生的父母那一代人相比，若想走上循序渐进、地位不断攀升的职业旅途，其道路要更加艰辛曲折得多。这是因为，若是稍有不慎，人们就可能犯下各种各样的错误，诸如：选错了小学和中学，选错了大学和专业，选错了国外逗留的地点，选错了关系网和朋友圈，选错了生活伴侣和居住地。这将意味着，在人生旅途的每一个节点上都会发生一次优胜劣汰的竞争，其间，有人毫发未损，顺利过关；而许多人连遭挫折，人仰马翻。这种情况早就已露出苗头，并且似乎永无止境。无疑，人们需要敏锐的嗅觉、必要的合作技巧、冷静的人际关系概念和恰到好处的时机把握感。由于前行之路越走越广，后退之路越走越窄，再加上由于人脉关系的社会资本对大多数

第一章　恐惧作为原则问题

人来说越来越不值钱,但对少数人来说越来越显珍贵,同时也由于走关系的市场越来越趋于单一化,因而生活变得越来越具有竞争性,所以,个人的命运愈发成为其人生之旅中正确和错误选择的一种表现。

人们可以将这种变化归纳为这样一个结论:我们今天正在经历社会一体化模式中一种从地位上升的承诺走向遭受排挤威胁的转变。[11]人们不再因为一条正面的信息,而仅仅是因为一条负面的信息,在继续锲而不舍地孜孜以求。由此,恐惧也随之而来——光有意志和愿望是否足够?随机应变的技巧是否适用?个人的形象是否令人信服?随着价码的改变,各种恐惧也发生了相应变化——在每一个人生的岔路面前,人们都要面对这样的重大问题,即由于人生旅程只重在短线,而不重在长线,那么,正如克尔凯郭尔所说的那样,恐惧的确成了"自由的现实存在,亦即作为可

---

[11] 关于充斥于社会地位体系中的社会排挤现象,参见布德:《被排挤在外的人》。

能性之前的可能性"。[12]

　　由于一切皆悬而未决，却又未失去其重要意义，恐惧便油然而生。人们觉得自己神经紧绷，每时每刻皆须全力以赴，不能松懈。比如，你可以绕道而行、中途休息或是将重点推往后；但是，这样的做法均必须富有意义，并有助于人生目标的达成。浑浑噩噩，做一天和尚撞一天钟——这样的恐惧无人能够忍受。恐惧的压力就是人生意义的压力，任何国家和社会均无法将一个人从中解脱出来。

　　令人惊讶的是，建立在认知心理学、进化论和大脑生理学研究结果基础上的各种关于常备不懈、情感和风险的顾问类图书销路甚好，畅销不衰。书中传递出的信息无外乎是，必须做多手准备，用设身处地的方式进行思考，以及牢牢抓住"千载难逢的机会"。按照书中建议，人们不仅应当谨防自视过高，同时也要克服决策时的优柔寡断和举棋不定。总体而言，关

---

[12]　克尔凯郭尔：《恐惧概念》，第36页。

第一章 恐惧作为原则问题

于精神两分法的学说应当有助于人们消除对恐惧的恐惧：一种是执掌快速思考的直觉系统，另一种是缓慢、渐进和有条不紊的控制系统。通过二者之间的有机转换，人们在结果不确定的纷乱生活里能始终让自己保持在一种精神警觉和机动灵活的状态之中。[13]

因为，谁若是止步不前，不进一步提升自己的知识技能，并且不寻求身心平衡，那么他将很快沦落而成为依靠他人的帮助而生活的案例。倘若有人到头来尚能多少不留遗憾地告别人世（正如相关的死亡学文献所保证的那样），[14] 那么，对恐惧的恐惧就将成为各种广为流传的关于"美好生活"学说的隐形动机。因此，遭受挤压的威胁将永远不会停止其存在，尽管它被如此温情脉脉地呈现在人们面前，并且听起来是如此这

---

[13] 该内容见于一本由诺贝尔经济学奖获得者丹尼尔·卡尼曼撰写的全球畅销书《思考，快与慢》中。

[14] 伊丽莎白·库布勒－罗斯在她的《临终人士访谈录》（1969年在美国先出英文版）中，对死亡做了五个阶段的区分："Denial"（拒绝）、"Anger"（气愤）、"Bargaining"（商讨）、"Depression"（沮丧）、"Acceptance"（接受）。这五个阶段应当被看成是在精神压力极其巨大的情况下克服现状的"建设性"策略。

般鞭辟入里，睿智机敏。

  这不是20世纪30年代曾经被罗斯福所洞见的，寄希望于国家的保护力量，将自己托付给一个"善良领导者"的那些"失去父母关爱的孩子"所面临的恐惧，而是一种狡黠的"自我策略家"的恐惧，[15]他们不仅对国家表示怀疑，而且也对那些与他们本身的表现如出一辙的政客进行冷嘲热讽。这里所涉及的恐惧，不是作为人群或集体被侮辱和被遗忘的恐惧，而是涉及作为个人摔倒在地和失去平衡的恐惧，以及在自由落体状态下，缺乏张开双臂施以援手的环境，或是没有传统的"失败者文化"[16]降落伞的保护而沉重地坠落，并在社会的虚无之中消失得无影无踪的恐惧。

---

[15] 这一称谓由克劳斯·胡勒尔曼于2002年在第十四期Shell青少年调查报告中首先提出，用来形容当时12—15岁的那一代青少年。这代年轻人的表现像其父母一样，追求安全和福利，却对重大政治问题麻木不仁。

[16] 在威廉皇帝统治下的德国，天主教会和社会民主党构成了支撑型的"失败者文化"，因为它们向那些在人生旅途中遇到阻碍、不得不遭受社会地位下降命运的人们发出了这样一种信号，即发生在他们作为个体身上的一切，不单单是他们的问题，而是一种集体生活状况的表现。

第一章 恐惧作为原则问题

与此相对应,21世纪第一个十年中出现了危险系数的内涵被普遍化的情况。[17]不仅"正常劳动关系"(终身的、全职的和与个人能力匹配的工作岗位)之外的劳动关系遭遇到了危险,而且,身上带有不明确的教育体系和就业体制过渡关系的几代人、具有浪漫爱情理想的伴侣关系、单亲抚养子女的生活共同体、失去社会地位和掉队的社会群体,以及社会化过程的特性本身,均陷入了重重危机之中。社会的存在面临困难的考验。在这个社会存在中,各种被标准化了的愿望与各种非标准化的现实之间发生碰撞。今天,这种情形已是家常便饭。因此,人们就与各种生活角色保持距离,以及就非同寻常情况下采取容忍态度的问题提出了更高的要求。较之以往,人们似乎容忍了更多有悖常规的行为。但是,正因为如此,接纳和排除之间的切割面也变得更加泾渭分明。只要人们能够对自己在两性、宗教或道德生活方面的多样性做出明确解释,

---

[17] 达米茨:《危险系数——一种问题诊断的家谱学》。

一切皆安然无恙。但是，倘若某种差异不能在幸福快乐、多姿多彩和个人创新方面体现出对他人来说的差异，那么，人们很快就成了局外之人。并且，一旦人们所具有的差异性始终平淡无奇，不足以引起他人的反应和效仿，那么，对恐惧的恐惧就会立刻出现。

在这里，我们看到了一种在恐惧经历中所出现的变化，这种变化与人的行为程序化的某种阶段性转变紧密相关。在早在1950年出版的关于20世纪行为世界众生相分析一书中，大卫·理斯曼（David Riesman）与瑞尔·丹尼（Reuel Denney）、内森·格莱泽（Nathan Glazer）[18]一道，共同描述了美国人的性格从内心为主导的良知型到外界影响为主导的接触型的转变。[19]如果一个国家的人口持续增长，人们开始纷纷从农村涌向人口密集的城市，并且，随着科学

---

[18] 大卫·理斯曼（1909—2002），美国社会学家；瑞尔·丹尼（1913—1995），美国诗人和学者；内森·格莱泽，1923年生于美国，曾任教于加州大学和哈佛大学。——译者注
[19] 大卫·理斯曼、瑞尔·丹尼、内森·格莱泽：《孤独的人群》。

第一章 恐惧作为原则问题

和技术变成独特类型的生产力,这时,就需要一种固定存在于个人身上的行为控制程序,这种程序以跨界原则为导向,并在外部世界的改变当中赋予人的行为以中流砥柱般的稳定性。为此,理斯曼形象地将之比喻为一个人的内心罗盘,这个内心罗盘不仅能够指示各种不同的方向,而且同时能够找到内心平衡的中心点。从人的自然本性来说,若是一个移民出国的人、社会地位上升的人,或是一个勇闯天下的人,为了在另一个陌生的环境中谋求自己的幸福而离开自己熟悉的故乡,这时恐惧会油然而生。然而,倘若人们相信自己的行动将丰富自己的人生阅历和坚定自己的价值观,那么这就是一种勇气的表现。因此,在欧洲的传统语言中不乏关于教育和良心的赞美之词。内向型的性格努力扩大自己的视野并审视自己的良知,所以,适应陌生世界的事物就可以与加深自身的修养同时并举,相得益彰。

这时,战胜恐惧的方式是以一种近乎垂直的模式进行的。个人与自己或是与上帝一道,共同决定了诸如异化、被剥夺财产和漂泊不定等恐惧的情感。在市民阶级的励志文学中，充满了关于迷惘的求知之路和痛苦的良心自省的传奇故事。但是，练就自我的努力最终大功告成。这种目标的实现使这个身份模糊、且能适应世间万物的个体，变成了一个有自主行动能力、社会地位归属明确和对自己有认同感的人。[20]

然而，若是人口增长下降，农村变成了城镇，对世界的征服遇到了极限，这时，人与人之间的交互关系就变得更加密集和更加无可规避；并且，在一个"萎缩和纷乱的世界中"[21]，自我必须试图适应其他人，并与其他人进行妥协。在这种情况下，从中获益的处世方式不再是需要证明自我的我行我素，而是接受他人看问题的视角，在情况变化时表现出随机应变，以及在团队合作中找到妥协办法的能力。构成内在平衡的

---

[20] 在德语文学中，以歌德的《威廉·迈斯特的学习年代》（1795年或1796年）和《威廉·迈斯特的漫游年代》（1821年和1829年）为代表的教育小说，即属于此类自我社会化的文学种类。
[21] 大卫·理斯曼、瑞尔·丹尼、内森·格莱泽：《孤独的人群》，第38页。

心灵罗盘被记录他人信号的社会雷达系统所取代。个人的自我不仅变成了别人的自我,而且还面临如下一个问题,即从周围环境的成千上万的镜像之中,获得一个属于自己的形象。

在这里,问题的关键不是来自其他人的认可和好感所代表的意义(认可和好感均属于自我的社会本质属性),相反,对受外界影响驱使的性格打上烙印的,更多的是一种增强型的接触敏感性,这种接触敏感性将其他人的期待和愿望变成了自身行为的控制之源。在这里,首先对个人行为起制约作用的,既不是由于外部权威而起作用的道德和礼仪形式,也不是在充满冲突的个人求知道路上被内心化了的规范和价值观,而是在实际情形的参与者之间通过快速互动得出的各种期望以及对期望的期望。于是,"扮演角色"演变成了"创造角色"(符号互动论社会学对其的称谓)。[22]

大卫·理斯曼试图通过对内心引导性格和外部引

---

[22] 西库里尔:《基本规则和标准规则》。

导性格之间的区别,来阐述今天普通人的"特殊的接受和跟从意愿"[23]。这个分析的背后反映出了一种消极被动的和积极反应的结构形态。受外部因素引导的人,感觉自己受到他人言论的左右,随波逐流跟从流行的时尚和占统治地位的观点,并在形势不明的情况下,宁可缄口不言,也不愿标新立异,触犯众人。当身处孤独和势单力薄之境时,他误以为自己被周围人的各种需求、愿望所驱使和控制。

这种为人处世的态度就是社会学中被称为感受所谓"相对剥夺"[24]的温床和土壤。一个人与处在相似状况中的其他人进行同类对比,决定了他自己在这个世界中的情绪状态。这里所说的其他人,可能是朋友、同龄人或是工作中的同事等。如同资源管理心理学所强调的那样[25],相对而言,这里发生的损失要比所得

---

[23] 大卫·理斯曼、瑞尔·丹尼、内森·格莱泽:《孤独的人群》,第38页。
[24] 在这里,经典的论著是泰德·罗伯特·戈尔的《为什么人们起来造反》和瓦尔特·加里森·朗西曼的《相对剥夺和社会正义》。
[25] 霍布福尔:《资源的对话》。

第一章 恐惧作为原则问题

到的好处更为严重。我自己没有拥有什么,其他人拥有什么;当我观察他们时,我自己处在怎样的地位之中?这一切均可以用金钱、显赫地位的象征和光鲜靓丽的仪表来加以衡量定位。此时,自我是在以他人作为自己的行为坐标,而且,当自我不再相信能够与别人比肩抗衡时,就会失去重心,摔倒在地。当我们感到被别人丢弃一旁时,我们就会心生畏惧,小心翼翼。而当我们认为与其他人融合在一起,并能够将他们引为同类之时,我们就会同样变得信心满满,力量倍增。

周围的人会怎么看待我,他们会怎么看待我对他们的看法——诸如此类的想象和意念构成了社会恐惧的某种来源。不是客观的形势给个人造成精神压力并使其崩溃,而是在与其他功成名就人士的比较中落于下风的感觉,给个人造成压力并使其内心坍塌。受外部因素左右的性格缺乏内在的力量储备,这种内在的力量储备也许可以使人在面对无谓的攀比和疯狂的诱惑时,变得具有相对强的免疫力。在毫无节制的嫉妒之心背后,隐藏着对不能与别人平起平坐、始终处在大门之外,以及作为唯一多余和无能之人的巨大恐惧。[26]

在此期间,受外部因素左右的人很不情愿承认自己具有这种恐惧,并愿意向他人倾诉。阿瑟·米勒(Athur Miller)[27]的《推销员之死》剧中的人物威利·洛曼,或是贝蒂·弗里丹(Betty Friedan)[28]所著的《女性的奥秘》一书中城外郊区妇女的表现,均属于此类典型人物。在这里,若是人们在现实生活中遇到百事不顺的感觉,他们所采取的办法不光是回避现实,借酒浇愁,或是像吃咳嗽糖一样服用镇静药丸,而且他们还会带着自己永远得不到满足的对外界回应和归属

---

[26] 哈里·斯塔克－沙利文:《精神病学的人际理论》。沙利文是最早研究并发现社会经验对于精神病障碍发展的意义的学者之一。他认为,死于社会关系的那个作为自我的人,既非众人眼里作为"善良的我"("Good-me")的老好人,也非作为"糟糕的我"("Bad-me")的讨厌之人,而是作为"非我"("Not-me")的完全失落之人。

[27] 阿瑟·米勒(1915—2005),美国著名剧作家,《推销员之死》(1949年)是其代表作。

[28] 贝蒂·弗里丹(1921—2006),美国女权人士和作家。

第一章 恐惧作为原则问题

的需求,遁入到人群之中。正因为如此,无比精确捕捉到 20 世纪人民大众社会生活条件的大卫·理斯曼的著作被冠以《孤独的人群》之名。

现在,我们想问的问题是,表现在《孤独的人群》中的那些充满恐惧的世界,如今是何种形态;感到自己受制于人及被越俎代庖的"沉默的大多数人",有怎样的结构成分,人们看到自己受到哪些社会发展的影响和摆布?当然,问题还不止于此——人们的自我怎样才能经受住恐惧的压力?在哪些交流探讨和仪式规范中,自我可以和其他人就共同的恐惧感问题进行沟通?对此,恐惧现象学生动形象地告诉我们,我们生活在怎样的一个社会环境当中。

第二章
对不可解除关系的向往

第二章　对不可解除关系的向往

即便是爱情也似乎无法驱散人们心中的恐惧。然而，爱情的承诺恰恰在于，人们不需要在"他人"面前再感到担惊受怕，因为被爱的伴侣将伸出双臂接住和紧紧抱住容易受到伤害的"自我"。尽管如此，在一切以外部环境为导向的人的眼里，男女间的亲密关系是其对人际关系本质特点的各种推测和感知的最有力的明证。男女间的关系表现为一种相互接受对方世界观的螺旋模式，这种螺旋模式构成了连接"我"和"你"之间的桥梁。罗纳德·D. 莱恩（Ronald D. Laing）[1]在针对以外界环境为主导类型的人的雷达系统遭受干扰和陷入失控状态进行了研究分析后，将人际的认知过程做了如下论述：

---

[1] 罗纳德·D. 莱恩（1927—1989），英国精神病学家，反精神病运动的创始人之一。——译者注

> 我所认为的你对我的看法，反作用于我对我自己的看法，并且，我对我自己的看法，又影响到我如何对待你的方式和方法。而这一点不仅再度影响到你对你自己的感受，而且还影响到你如何对待我的方式和方法，如此周而复始，循环往复。[2]

这段引文中，有两个要点值得注意。一方面，我们可以发现人与人之间相互试探和相互适应的过程变得越来越频繁和直接，以至于人们几乎无法确定，谁以何种方式首先开始了这种关系。通过人际间相互认知的途径，一个人的"自我"甚至可以从"他人"那里感知到自己所处的状态。另一方面，我们注意到，这个过程之所以可以无限延长下去，仅仅是因为在两个关联者中，没有一方对于另一方来说最终是一眼可以看透以及能够被完全认知的对象。在我和你之间，

---

[2] 莱恩、菲利普森、罗索·李：《人际关系认知》，第42页。

第二章　对不可解除关系的向往

尽管有着完全不同的看待事物的视角，但却始终只有一个绝对的、不可逾越的界限存在。用相互矛盾的话来表达就是，关联性是建立在分离性基础上的。

人们在云雨之欢后的情绪回落即是对这对矛盾的一种精神感受。完事之后点上一支烟（现在有可能是吃一口苹果），其目的是要掩饰一下高潮之后的分离感。相爱之人方才还是翻云覆雨、亲密无间，现在却成了一个各自仰面朝天、木然呆卧的陌生的她或他。顷刻之间，一个问题不禁油然而生：这种情况今后该如何加以改变？独自一人形影相吊的情形似乎表明了"我自己"的那种最初和最终的真实状态。

这种为时短暂的对令人感伤的生活状态的认识之所以具有深刻的普遍有效性，原因就在于，现代社会中，几乎所有的社会关系均受到一种保留分离权的制约。劳资双方均可履行的所谓劳资关系，解雇法将走与留的自由用文字形式明确进行了规定。已经适用了半辈子的劳动合同被予以解除，以及原本地久天长的少年时代的友情、各种党派组织的成员资格（比如一家人从父母起就是某个政党的党员），甚至不论是在教堂举行过正式仪式的，还是在民政部门经过登记的，抑或是曾经山盟海誓过的婚姻关系、生活伴侣关系或生活共同体等，均可被予以解除和终止。

对于今天的"我"来说，自由的基础是一种否定式的自由，即有意识地予以终止和固执地加以拒绝。通过说"不"，"我"经历了最强烈的自我作用发挥的体验。凡是不允许个人说"不"的环境或组织，皆有充分的理由被认为是剥夺自由和妨碍自我认同感的环境和组织。欧文·戈夫曼（Erving Goffman）[3] 将监狱、修道院和精神病院称作是将"自我"降格为囚犯、僧人或是住院病号角色的"专制型机构"。[4]

但是，这种无条件地对消极被动的"从……中得到自由"的坚守，掩盖了对积极主动的"为了……的

---

[3] 欧文·戈夫曼（1922—1982），美国著名社会学家，著有《日常生活中的自我呈现》《精神病院》等社会学著作，被誉为"20世纪最具影响力的美国社会学家"。——译者注
[4] 欧文·戈夫曼：《避难所》。

第二章　对不可解除关系的向往

自由"[5]的内心愿望。这种积极主动的自由不仅优先于所有与公众和集体相关的问题，而且首先并且在绝大多数情况下，是一种与某个异性伴侣结成紧密关系的自由。在浪漫的爱情理想年代，唯有爱情才是情侣之间建立一生姻缘的基础，而不是合乎礼仪规范的、带有目的性的或是出于其他原因的情侣家庭之间的任何联盟。在这样一个时代，两个相互倾慕之人之间的相互关系之所以是一件颇有风险的事，乃是因为两个相爱之人都无从知道，爱情之于对方来说包含了哪些对失望的容忍在内。当疯狂相爱状态下的两性关系的重要性逐渐下降之后，情爱之人就不得不针对他们的长远伴侣关系的感情问题达成一致看法。通常，讲述如何初次相识、克服感情危机、商议共同的度假和购置房产计划，特别是借助相册中的一帧帧照片回忆说不尽道不完的共同抚养子女的成长史，乃是人们达到此目的的惯常途径和有效手段。

---

[5]　这是以赛亚·伯林在《两种自由概念》一书中所做的著名分类。

由于生活中的伴侣——尽管人们或许无法想象其他人作为自己的一生伴侣——始终是"另外一个人",而且,这个人的外表之下隐藏的还是一个陌生之人(此人的脑子里装着未和盘托出的想法、埋藏在心底的愿望和各种稀奇古怪的幻想),所以,人们要时时刻刻对之谨慎小心:这个"另外一个人"头脑中的一个顽固想法顷刻之间就会将所有事物变成需要争论方可解决的问题。因此,爱情的关系是一种建立在对自由的恐惧基础之上的关系。如同"我"一样,"你"不仅同样具有因为鸡毛蒜皮的琐碎之事,或是因为深深的失望而说"不"的自由,而且也同样具有借此使用自由的自由,以及将"另外一个人"弃而不顾的自由。"我们的关系已形同路人",这便是既失落无助又切中要害的分道扬镳之语。

　　一般而论,人们在情侣或夫妻关系中不仅相互将自己暴露给对方,而且在人际关系的学习过程中相互适应,并最终在共同生活中相互扶持,相互依赖。但是,即便是这样一种亲密关系也同样可以遭遇被解除的命

第二章 对不可解除关系的向往

运。这时,人们会说:"一切都完了。"这句话的意思是,"我"失去了脚下的一种自然而然的人际关系的基础。这种人们在日常生活中习以为常的自然关系,赋予了人们一种本体论意义上的安全感。对爱情纽带发生不可思议断裂的恐惧,乃是对各种人际关系产生恐惧的根源。随着"所有社会关系均可被解除"这一现代原则的出现,这些恐惧也随之应运而生。

在人世间的每一份爱情中,都可能存在着这样的恐惧。或许,高悬在人们头顶之上的这种恐惧甚至是一场无条件爱情的基础和前提,这场爱情既无法强求得之,也无法天长地久。"我究竟怎样爱你?"——伊丽莎白·巴雷特·勃朗宁(Elisabeth Barrett Browning)[6]在其1850年创作的《葡语十四行诗集》第43首中这样问道。她的回答是:"让我细数端详……,我爱你用的爱,我本以为早已失去。"但是,以外部

---

[6] 伊丽莎白·巴雷特·勃朗宁(1806—1861),英国维多利亚时代著名女诗人,《葡语十四行诗集》是其代表作品。——译者注

因素为导向的心灵所担心的，恰恰是这种漫无边际且受人摆布的痛苦。那个被你肝胆相照、以全身心相待之人，最后把你的生活变得生不如死。相爱之人不仅相互承认他们的"伤害权"[7]，甚至相互之间允许使用这种"伤害权"。那么，爱情的风险真的体现在这里吗？倘若敏感的"我"意识到了自己所处的危险来自何方，那么从根本上说，我面前只剩下两种可能的选择：从一开始就对恋爱婚姻关系的种种可能进行算计，或是对恋爱婚姻关系的各种期望予以放大。在这两种情况下，那种抱怀疑态度的现实主义乃是克服陷入孤独的恐惧的行之有效的手段。

关于潜在的婚姻对象是否彼此般配的问题，如今人们可以通过所谓伴侣计算法进行了解和咨询。网络上或是相关婚介所那些注重当事人教育程度的鸳鸯配方法，提供了对此服务的可能性，因为，对求

---

[7] 这是海因里希·波皮茨为了分析暴力关系而创造的一个表达方式，见《权力现象》，第43页及下几页。

第二章　对不可解除关系的向往

偶和找对象的人群来说，教育程度至少保证了他们在个人趣味、社交方式和生活目标问题上相互适应和接受对方的能力。一个喜欢布林奇·帕勒莫（Blinky Palermo）[8]的人与一个爱看音乐剧和喜欢逛圣诞市场的人，是截然不同的两种类型，虽然他们都去宜家选购自己的厨房设备。除此之外，女性也不愿意找那些教育程度低于自己的男性作为恋爱和婚姻对象。男性虽然历来对此不以为然，但是，男人的统治地位如今也发生了不同于以往的变化，他们越来越愿意同那些自信、像他们一样在生活中有一定理想抱负的女人恋爱和组成家庭。时下的所谓"花瓶女人"的含义，不单单指的是性爱，同时也指的是富有教养，或者是既小鸟依人又有所追求的女人。不仅如此，教育因素还很容易同个人的性格特征和处理问题的风格习惯联系在一起，这样，人们便拥有了一个最佳对象关系搭配的参考数据，不论此处涉及的是同性恋也好，或是异

---

[8]　布林奇·帕勒莫（1943—1977），德国抽象派画家。——译者注

性恋也罢。

　　毫无疑问，人们在选择对象时极易挑三拣四，举棋不定。因此，这种挑来拣去的风险即在于，到头来自己落得一无所获，空手而归。[9] 追求完美的想法让人们在为数众多的选择面前犹豫不决，挑花了眼：或许还有一个比眼前这个候选人更好的她或他，有了这个她或他，两人的关系会更幸福、更成功和更充满两性的欢愉。孰料，到头来在商店即将关门打烊之时，忙乱之中选择了一个参加友人聚会宾客中被挑剩下的她或他；或者，在多次走过令人失望的弯路之后，人们又重新想起了昔日少年时代的小伙伴。

　　当聚会曲尽人散之时，一切皆为时已晚。在这样的恐惧状态中，人们逐渐领悟到了概率论的真理，即存在于多数事物中的趋向并不说明个别事物的真实情

---

[9] 那些依靠不断更换新恋爱对象来寻找最佳伴侣的所谓"闪电约会者"，可能到最后依然一无所获；相反，不善交际但珍惜眼前关系的所谓"舞会冷落者"，却反而能够抱得美人归。见康拉德：《爱情、速配和心碎》。

第二章 对不可解除关系的向往

况。一件在当时和当地显示为恰到好处的事物,并非放之四海而皆准。我们不妨借用马丁·布伯(Martin Buber)[10]这位人际关系哲学家的观点[11]来说明:"我"和"你"的相遇是直接的和当前的,但是,必须要明确的是,这种相遇始终因为某种似乎过长时间的犹豫不决以及某种似乎过于快速的相互接近而面临着潜在的风险。

相遇不等于选择。显而易见,选择一个爱情对象和生活伴侣与选择一个事物和一件产品,截然不同。我该选择谁的问题也必然包含着一个反问,即谁将选择我。我想做一个对某个"其他人"来说值得拥有的"其他人";同理,这个"其他人"也应当是一个对我来说具有魅力的"其他人"。这件事看起来有些奇妙,因为此处涉及两个单独个体的相互关系,此外,这两个单独个体都有同样的要求,即承认他们都是单独的

---

[10] 马丁·布伯(1878—1965),出生于奥地利的犹太裔宗教哲学家,著有代表作《我与你》。——译者注
[11] 马丁·布伯:《我与你》。

个体。那么，人们怎样才能彼此相遇，以至于对一个"其他人"来说，"我"成了一个独一无二和无可取代的人呢？

显而易见，人们必须为偶然发生的事情开放自己。这种偶然的事情给人带来一个与计划中的选择对象不尽相同的"你"，这便是一见钟情式的浪漫爱情的原初梦想。罗密欧和朱丽叶初次相见，立刻就把所有门当户对和理性思考的界限抛在了九霄云外，从而坠入了生死不渝的爱情之中。选择行为必然与偶然性相关联，这即意味着，意外的情况始终可能发生。不论是埃里克·侯麦（Eric Rohmer）[12]的电影也好，或是帕特里克·莫迪亚诺（Patrick Modiano）[13]的小说也罢，他们讲述的故事无一不是一见钟情式的爱情充满偶然性的各种想象和幻想。然而，人物故事最终是以幸福

---

[12] 埃里克·侯麦（1920—2010），法国电影导演、编剧和制片人，代表作有《沙滩上的宝莲》《秋天的故事》《男神和女神的罗曼史》等。——译者注

[13] 帕特里克·莫迪亚诺，1945年生于法国，法国著名小说家，代表作有《暗店街》《八月的星期天》等。——译者注

第二章 对不可解除关系的向往

或是不幸福结局,则完全未作交代,语焉不详。这一点恰恰是艺术的魅力所在:戛然而止的故事完全不知如何继续下去,那张陌生的面孔一直令人难以忘怀,匆匆的萍水相逢始终让人魂牵梦系。

于是,那种为了对建立恋爱关系可能性的个人付出所进行的心术算计,最后终结在一种引起内心恐惧的、对失去与爱慕之人建立情侣关系的控制的醒悟认识之中。借助心理分析,甚至是借助心理治疗的各种咨询建议性质的出版物,"我"得以解开了这样一个谜——为我选择恋爱对象的网络搜索工具的依据,乃是我自己童年时代同父母关系的亲身经验。然而,这并不能给我带来多少助益,倘若我在自己的选择中依赖于选择一个任意的、在我面前性格内向和深藏不露的"其他人"的话。

对于这个由于选择的交互作用所造成的窘境,受外部影响主导的"我"做出的回答是,加倍扩大恋爱婚姻关系对象的数量。倘若包括情人和夫妻生活关系在内的所有社会关系皆有被解除的危险,而且,正如德国接近百分之四十的离婚率所证明的那样,这些社会关系的确被大量解除,那么,出于自我保护的原因,不把所有的希望都寄托在某个单一关系之上,无疑是更为明智之举。社会上广为流传的关于"生活阶段伴侣"的说法(这种阶段性的生活伴侣,两人在分手之后仍然可以公开和坦诚相见),为一个在生活的不同阶段找到符合相关"人生旅途使命"伴侣的、不受伤害的"自我",提供了观念意识的支撑。尽管有相关行业的咨询顾问如此这般地讲述着他们的故事,但事实上我们知道,这一切无疑都是不实之词。生活并不是一系列海难事故的结果,这些事故可以作为自我实现道路上的重要人生经验而被记录在个人的账目之上。然而,针对两性之间固定关系的要求和对于这种固定关系的恐惧之间的矛盾,人们又当以何种不同的方式来加以承受呢?

如今,唯一可以使人得到心理安慰的,是如下几种无法解除的关系类型:父母双亲和子女之间的关系,以及兄弟姐妹之间的关系。

第二章　对不可解除关系的向往

家庭社会学认为[14]，今天的家庭是一个以子女为中心的生活形态。既非亲属关系，也非夫妻关系，而是子女后辈构成了家庭生活的核心；或从更广义的角度上说，家庭中的儿女构成了家庭式的生活共同体。换言之，出于两个家庭的遗产继承原因，或是出于性爱关系合法形式的原因，以及共同的爱情需要一个表现形式的原因等，皆无法使人们建立起彼此稳固牢靠的关系。反之，人们所需要的首先是与子女的骨肉关系，这种关系无法由父母和子女双方的任何一方予以解除。

因为子女行使了做其他事情的自由而对他们感到失望的父母，并不能与他们脱离关系。同理，因为感到被包办一切和受到虐待，或是因为曾经是家庭暴力的牺牲品而憎恨自己父母的子女，也同样无法与他们的父母脱离关系。在绝望中总是往好处想——这种希望维系着彼此之间的关系，而且，导致彻底决裂的仇恨更无法摆脱彼此间的相互关系。人们始终是自己孩

---

[14] 例如吕迪格·波伊克特：《社会变革中的家庭形态》。

子的父母,尽管孩子们早已离巢远走高飞,而且,孩子一生一世都是他们父母的子女,虽然父母已经老态龙钟,头脑不清。"血缘是一种特殊的琼浆玉液",即使在分离的情况下,它也起着维系的作用,并超越生死的界限。

　　骨肉关系是孩子们提供给父母的稀有财富。子女与其说是帮助干活的家庭成员,毋宁说是拥有共同感情的关系伙伴。系统的家庭分析研究结果表明,从上述结论中产生了或是能够产生出怎样的家庭关系动力。在父母双方的竞争中,孩子们往往成了无可争议的同盟者,他或她可以在父母一方的想象中被培养成用来取代婚姻伴侣的替身。不仅如此,他或她不但可以作为一切善与美的写照,而且也可以作为代表一切丑和恶的替罪羊;抑或,他或她甚至不得不充当父亲和母亲理想中的"自己"的投射对象。[15] 这种现象不

---

[15] 霍斯特-艾伯哈特·里希特在他的《父母、孩子和神经官能症》一书中,对这些不同情况皆有论述。

第二章 对不可解除关系的向往

仅发生在双亲家庭,而且在单亲家庭中也同样有之。作为与一个或若干个子女共同生活的单亲父母,可以向一个未婚的生活伴侣敞开心扉,同时,作为抚养子女的双亲父母,也可以带着自己未能实现的婚姻伴侣梦想躲进自我保护的蜗牛壳之中。普天之下,所谓幸福的家庭生活均具有同样的外在形式。唯有产生自无意识角色分配的家庭关系命运,才具有唯一和与众不同的特性。在这个情感问题上,父母和子女在以子女为中心的家庭里处于同样的地位之中。

人际关系遭到解除的威胁进一步加深了人们维系彼此关系的愿望。一旦成为最终无人关心且无人与之共同生活之人,这样的内心恐惧该如何摒除?对于以外界因素影响为主导的"我"来说,父母与子女之间的关系、兄弟姐妹之间的关系,具有自然关系上的人类学意义,任何出于心灵上的恣意妄为或是根据伴侣双方共同协议的解除关系行为,均无法解除这种自然的关系。

没有彼此间的紧密关系,"我"似乎无以为继。

但是，相互关系又制造了恐惧，因为"我"的自由要取决于"他人"的自由。这种矛盾现象的真谛在于，经过错综纠缠的关系，从而达到自由的境地。只有你需要我，我才会需要你。但是，我无法知道，你是否确实需要我；如同你一样，我也不知道，我是否全心全意地需要你。某些时刻，我自己也无法知道该如何做是好。因此，这个"我"为了自身的利益而无法逃避内心的恐惧。归根结底，人们对不可解除关系的向往只是证明了它应当掩盖住哪些东西，仅此而已。

第三章
对自我类型的不适应感

第三章 对自我类型的不适应感

现代社会的典型恐惧人群是男性社会地位上升者。每当谈及此类人士,人们马上就会联想到那些一身胆气的实干家,他们或是以建筑商和连锁店老板的身份起家,或是依靠代理保险和金融产品发家致富,提升社会地位。他们不仅大量出现在桃色新闻以及媒体关于规模巨大的豪宅、世代相传的友情、公益慈善活动的报道中,而且作为当地有头有脸的公众人物,他们不是经营着一家中等规模的生产企业,就是领导着一家专科医院,或是开办着一间律师事务所。

他们毫不掩饰地公开炫耀,虽然出生寒微,家中从未与绘画艺术和名贵红酒打过交道,但是,他们丝毫不容怀疑,通过立志以学、奋力打拼和善于为人处世的经历,也能走上功成名就之路。他们平易近人,善待亲友,并且喜欢使用干练、实在的表情语言。

当然,台前的观众们皆急不可耐,等待着来自舞台背后的、证明社会地位的上升所要付出代价的种种传闻。假如一位开着Mini牌轿车、成天泡在养马场的阔太太不再像平常那样需要自己的丈夫（他几乎从不着家），抑或，倘若一位"成功人士"对自己穷困潦倒、依靠社会救济度日的亲生兄弟讳莫如深、只字不提，那么，人们也许对此并不感到惊讶。从一无所有到功成名就，必须付出沉重的代价。

对于社会地位上升者来说，这一切不可能永远是人们无法知道的秘密。无论其周围的人群是如何友善和充满敬佩之情，作为一种类型的人，他们感到自己始终处在周围人的众目睽睽之下。这种监视不同于政治意义上的选民考察其议员代表可信与否的监督态度，也不是围观名人的群众那种期待其目标对象某些出轨行为的猎奇心态。反之，这里是一群停留在社会底层、没有实现地位上升的观众。在社会地位上升者眼中，这群人虎视眈眈，不仅伺机等待被他们诠释为狂妄自大的慷慨之举以使其阴沟翻船，而且时刻等待他们曾经提携和解囊相助的好友在反目为仇时与其一

第三章 对自我类型的不适应感

刀两断,以及等待着他们在职业生涯中暴露出偷奸耍滑的庐山真面目。

因此,面对已经与之分道扬镳、其地位宿命论也被证明是一种不实之词的普通群众,社会地位上升者便生活在对这类人群的恐惧状态之中。无疑,他们清楚地知道,自身的成功不仅是自己努力打拼的成果,而且,运气和贵人的提携也甚为重要,抑或,他们恰好赶上了经济繁荣的大好时光,从而和其他同路人获得一个发展的良机。由于周围其他人的鼓噪终日不断,给他们造成巨大的精神压力,所以,莫名其妙地觉得自己难辞其咎,似乎背叛了自己的出身背景。虽然他们自认为对宗教信仰不感兴趣,但对来自神明的复仇却感到心惊肉跳,不寒而栗。

现实生活之中,来自某些人的目光对社会地位上升者心灵的伤害是如此之深,以至于一种想法在他们脑海中油然浮现——自己眼下拥有和享受的一切,仅仅是为了消解使其内心不安和受到他人驱使的恐惧感。那些用来展示其所取得成就的地位象征,在他们看来,显得如此枯燥无味和可笑至极。当此之时，他们身不由己地坠入了一种多愁善感的情绪之中，这种情绪如同乞求他人宽恕一般，却又没有明确所指的对象。

另一方面，社会地位上升者完全懂得，在其所获得的地位中，自己始终是一个被容忍者和陌生人。虽然他们的女儿以优异的成绩从企业管理专业毕业，其公子在英国和美国的著名大学完成了电影专业的学业，但是，他们仍然未能摆脱身上带有的初来乍到者的气息。他们一如既往地背负着逆流而上而不是顺流而下的感觉，因此，他们总是身不由己地想要扮演一个义无反顾、头脑精明和背水一战的角色。只要他们能保住自己的地位，人们就会对其报以掌声。但是，一旦坠入漩涡，他们认为自己必须做好被打翻在地和被人再踩上一脚的准备。

缘此，正如我们所了解的工业社会蓬勃发展时期的这类人群一样，社会地位上升者表现为两头皆无落脚之地的一类人。他们既不愿意处在如今这样的地位，又不愿意停留在当年已经离开的位置。这样一

第三章　对自我类型的不适应感

种地位上的不稳定性，使他们心中充满了恐惧。由于他们不知道在身处逆境之时该把疲惫的身心枕靠在何处，因此，他们感到凡事只能依靠自己。[1]对自己过关斩将能力的热衷，注定无法永久持续下去。"寻找地位者"——万斯·帕卡德（Vance Packard）[2]在1959年如此称谓战后时代的社会地位上升者[3]，他们不仅想要有一块落脚之地，而且还想要有一个有归属感的故乡。社会学的参照群体学说[4]给这种愿望赋予了内涵，即至少必须有一个想象中的群体，人们可以将自己归属其中，从而获得一种归属感和自身的意义。从长远观之，将两头皆无着落的中间角色予以英雄化的做法，无法持之以恒。社会价值判断的硬道理告诉

---

[1] 汉斯-彼得·德莱策尔在他的《孤独作为社会学的问题》一书中，认为这是社会地位上升者的构建性孤独。
[2] 万斯·帕卡德（1914—1996），美国政论家和时事评论家。——译者注
[3] 万斯·帕卡德：《寻找地位者》。
[4] 此学说可以追溯到罗伯特·金·莫顿所著的《参照群体行为理论论文集》。

人们，谁若遭遇霉运，谁便身败名裂。

如今，我们社会中地位上升的普遍现象有了完全不同的外表特征。"成功人士"仅仅是一种普通类型人士出类拔萃的形态罢了。在这里，我们重点谈的是，一个家庭一代又一代更为漫长的地位上升之路，例如，祖父是来自乡村的农民，在铁路部门从修道工干到了火车司机；儿子大学毕业后事业有成，当上了一家公共住宅建筑公司的经理；孙女拿到了近代史的博士头衔，如今是德国一所名校的教授。类似这样的提升社会地位的故事在很多家庭比比皆是，并且绝大部分情况均表明，接受高等教育和从事职业工作的女性的数量越来越多。

尽管个人的努力不尽相同，但是，故事的主角皆视自己顺应了社会发展的潮流，这种潮流借助教育大门的敞开和就业体制的扩大，为职业的进步和个人地位的改善创造了条件。在战后大发展时期，第三代人进入了职员和公务员的新天地，在这片新天地中，他们将自己看作是所在岗位的领导者，但还远未将自己

第三章 对自我类型的不适应感

视为必须靠踩在他人肩膀上来证明自己的首领型人物。

对于这种首领型的人物来说,有两个因素具有十分重要的意义:一是历经向新人群和新阶层打开大门的教育机构的求学之路;二是职业环境下要求以交流沟通和形象代表为关键技能的工作经验。中等学校和高等院校核心的社会化效应在于,使学生树立和掌握作为职业成就前提的积极工作态度。在教育机构中,通过教育目标的设定,学生改变地位的热情和动力得到了降温和驯化。众所周知,学校教师不仅为学生的正式学习成绩打分,而且也为学生非正式的在校表现做出评判。成长中的青少年应当学会融入集体、表现自己和做一个品学兼优的好学生。这在今后的系统分析、服务行业和科研开发的职业领域中,将受到用人单位的期待和赞赏。凡是有集体合作能力、开放交流能力以及具有潜在创造能力者,皆能在职业生涯中取得进步。至少,这是必不可少的,或许在竞争抢手岗位时并非总是足以够用的前提条件。

毋庸置疑,本章开头所描述的实干家的那种天不怕地不怕的经世之道，对于这种社会地位上升之路并无助益。人们必须在团队协作和项目开发的框架内表现得更加含蓄沉稳、服从领导和具备适应能力，因为，问题不单单是我敢于承担什么工作，而首先是，我怎样能使其他人相信，我所具备的工作能力将使团队、部门或是整个企业有所获益。

显而易见，下列两种情形有着巨大的差异：作为社会地位上升者，人们是否认为自己身处的是一片自由的天地，还是处在有严格比赛规则的赛道；换言之，人们是目空一切，妄自尊大，还是加入集体，恪守岗位职责。面对这种情况，人们一方面担心自己会在竞争中败下阵来，从此遭到冷落；另一方面，人们又担心才华得不到他人赏识，始终怀才不遇。

曾经把希望寄托在企业家之路（这条路虽然前途未卜，但并非没有可能）的社会地位上升者，无法将自己的恐惧和担忧作为炫耀的资本。他们是许许多多抓住了自己的机会，并在事业上有所成就的那群人中的那一个。虽然总有其他在相同出身和年龄条件下未获得成功的人,但这并不是认为自己比别人更有勇气、头脑更聪明或是能力更强的理由。一切原本都是自然而然、水到渠成的结果。

相比之下,在生育高峰期,或是在金融危机和互联网年代出生的那几代普普通通的社会地位上升者心中的恐惧场景,则埋藏得更深和更加隐蔽。在清晨过早醒来或是在聆听一首旧日的流行歌曲之时,这些梦幻般的场景就像电影镜头回放一样浮现在他们的脑海之中,历历在目,挥之不去。

尤其是那些学校里的场景,往往让人们感到恐惧。例如,对入学测试考不好的恐惧。六岁的孩子看见自己的母亲站在走廊上等待入学能力测试结果的身影,他要完成单线条图画,说出钟表上的时间和判断小木棍的长短比例。记忆中的往事是一种不明确的情形,因为人们无从知道,学校要求的是什么,考试的用意何在。

之后,难以启齿的羞愧感再度浮现:十岁的小女孩在同学家做客时,一只散发着菩提花茶清香的薄瓷茶杯不慎滑落，掉在地上摔成碎片。多年后，小女孩在阅读一本现代文学的经典名著时才知道，同学母亲用奇怪的目光给她们端来的那个松软的椭圆形沙馅蛋糕的名字叫"小玛德莲蛋糕"。

最后浮现的记忆是，大学教授对一名学生不可遏制的盛怒。当这位充满传奇色彩的教授在初级专题讨论课结束后问及这名学生关于西格蒙德·弗洛伊德（Sigmund Freud）[5]和让·皮亚杰（Jean Piaget）[6]之间关系的看法时，他东拉西扯，信口开河。该学生平日自己不看书学习，只在吃饭时让其他同学讲述上课的内容，尽管如此，他却能够如此这般机智应对，滔滔不绝。提过问题之后，教授转身告辞，对他不屑再多看一眼。

诸如此类的恐惧场景将教育普及和就业结构升级

---

[5] 西格蒙德·弗洛伊德（1856—1939），奥地利犹太裔精神病医生、心理学家、精神分析学派创始人。——译者注
[6] 让·皮亚杰（1896—1980），瑞士生物学家、心理学家和著名的认知发展理论创始人。——译者注

年代德国社会中地位上升者的恐惧,生动形象地展现在人们面前。这是人们心中那种担心用不透明的尺度进行衡量、害怕成绩不及格的恐惧。

我在教育社会化的体制中应当有什么样的期待?我在精英人群中该如何表现?我该怎样展示我所具备的能力?一位女性社会地位上升者感到自己周围到处都是陌生的环境,这些事究竟应当怎么做,她必须从头学起,因为天上从来不会掉馅饼。对考试不及格的恐惧始终不会自行消散。

甚至诸如应邀参加晚间聚会时两人私下交谈这样的寻常之事,也可能变成一项艰巨而复杂的任务。假如人们从别人的眼神中发现,此时此刻所需要的根本不是睿智的思想火花,或许人们可以大松一口气。那么,人们怎么才能把握住这场犹如乒乓球赛一般的气氛友好、精神集中、不过度紧张严肃、大家都明显感觉轻松愉快的人际交往活动呢?若要将紧绷的神经和镇定自若相结合起来,具备这样的应对方式谈何容易。

倘若我们赞同塔尔科特·帕森斯(Talcott

Parsons）[7]就家庭成员的角色学习过程问题所创立的类型划分学说观点，并对其范畴加以延伸扩展的话，或许我们可以这样认为，女性社会地位上升者首先是带着一种缺陷感长大的，因为她始终有这样一种感觉，即人们对她所寄予的期望，是她无法做到的事情；其次，她被一种笨拙感所累及，因为她在同那些由于家庭背景而受过更好教育以及同家境更好的人群打交道时，有一种感觉始终困扰着她，即她不受众人待见并做错了事情；其三，尽管她勤奋努力，但始终有一种不公平之感，因为她很快觉得自己受到了不公正的待遇，并被剥夺了应有的回报。于是，一种过度的敏感由此而生，从而造成许多普普通通的男性和女性社会地位上升者在生活中自己跟自己过不去的后果。

这种情况不单单涉及教育和职业的标准，而且还更多地涉及生活方式和自我表现的尺度。由于社会地位上升者是逐渐远离了他们的家庭出身，所以，他们

---

[7] 塔尔科特·帕森斯：《论攻击性的本质原因和形式》，第223—255页。

第三章 对自我类型的不适应感

无法将自己作为来自下层的人群加以美化。没日没夜的努力打拼和光彩照人的聪明才智，皆不符合他们的真实身份。大多数情况下，祖父是构成全家社会地位上升的起始参照点，到了父母亲时，他们已经开始雄心勃勃，要飞黄腾达地过上更好的日子。因此，对孙辈们来说，家庭出身仅仅是一个失去的符号，而非自己的根源所在。从心理分析的角度看，社会地位上升对于这一大群人来说，已经从埋头苦干式的对外投射型变成了担惊受怕式的内省反观型。比上不足比下有余，是一种与一事无成完全不同类型的事物。这样的恐惧更加细致微妙，因此，它侵入人们心里的程度愈发深刻。

无论如何，人们不愿意让自己看起来像一个头脑简单、目光短浅或终日劳碌的人，但是，见过大世面、潇洒自如和自信沉稳的素养并非轻而易举地唾手可得。因此，当人们看到，有人将自己的小家布置得何其素朴雅致，有人如何呕心沥血和目标明确地培养自己的子女，有人如何小心翼翼和中规中矩要求自己，这时，他们的惊讶和触动可谓刻骨铭心——别人是如何做到我所无法做到的事情呢？

人们抓住自己的内心而面对开阔的广场和狭窄的走廊的小恐惧，目的是为了避免面对环绕着自己的大恐惧。通往恐惧的房门只允许被打开一条缝隙，因为在门后的房间里，四周的墙壁在向后退去，房间的地板正在向两边裂开。然而对于"自我"来说，这条根本的生存方略也许会变得更加令人毛骨悚然，因为，尽管平时练习瑜伽，有培训师的指导，以及参加周末的健身活动，但是不及格的感觉并没有成为过眼烟云。

旧式的社会地位上升者所面对的是由其他人所扮演的观众，在他们眼里，这些观众的心里都想看到他们是如何折戟沉沙、一败涂地的；而新型的社会地位上升者则是跟自己较劲，因为对他们来说，脚下之路就是奋斗的目标。

这两种类型的人不仅有着共同的自我激励和社会转变的意愿，而且其内心也同样怀有希望渺茫的向往——做一个朴素简单、天然去雕饰的其他人，并且

第三章 对自我类型的不适应感

在所完成的工作中找到自己功德圆满的慰藉。由于失去了家庭出身的行为本源,这两种类型的人发现自己被打回到了一个空洞无物的"自我"之中,所以要为自己寻找一个生活的支架。

与此同时,一股巨大的能量存在于这些具有怪异感的生活形态之中。这些生活形态便是备受人们追捧的、将自我认识个性化以及将社会环境多元化的趋向的根源所在。因此,各色政党要么从保守派的角度,要么从社会民主的立场出发,用"新中间阶层"的称谓给这种代表着崛起和超越自我的力量赋予了发声的喉舌。这些政党给福利增长和国泰民安的"辉煌三十年"打上了深刻的烙印,它们正是出于维护这个社会地位得到上升的庞大群体的利益的原因,将他们无所归属的恐惧感变成了一种代表着新生事物的自豪感。

第四章

假如赢家卷走了一切

第四章 假如赢家卷走了一切

美国经济学家罗伯特·H. 弗兰克（Robert H. Frank）[1]和菲利普·J. 库克（Philip J. Cook）[2]在急功近利、人心浮躁的20世纪90年代中期出版了一部著作，书名借用了阿巴合唱团[3]的一首歌曲的曲名——《赢家通吃的社会》。[4]该书的出版恰逢资本主义的乌托邦以一种令人难以置信的方式再度复兴之际，其时，随着互联网、生物技术以及全球金融市场的高歌猛进，战无不胜的资本主义的机会革命化进程已经显出端倪。谁若是头脑精明、行动迅速和敢想敢干，谁就

---

[1] 罗伯特·H. 弗兰克，1945年生于美国，美国经济学家，康奈尔大学教授。——译者注
[2] 菲利普·J. 库克，1946年生于美国，美国经济学家。——译者注
[3] 阿巴合唱团（英文名为ABBA），成立于1972年，由四名瑞典演唱家组成，ABBA团名取自四位艺术家名字的首字母，该团于1982年解散。——译者注
[4] 弗兰克、库克：《赢家通吃的社会》。

可以摇身一变，从默默无闻跃升为地位显赫之人。昔日被冷落一旁的各色幻想和种种欲望被约翰·保尔森（John Paulson）[5]这样的对冲基金经理人，以及克莱格·文特尔（Craig Venter）[6]这样的生物企业家，或是史蒂夫·乔布斯（Steve Jobs）[7]这样的从自家车库发展起来的企业家，重新从沉睡中唤醒。

然而，该书的副书名却道出了一个发人深省的深刻认识："为什么处于顶尖地位的少数人所得到的要远远多于其余的大多数人。"对此，两位经济学家给出了他们的解释。简言之就是，我们大家都受了蒙骗，因为越来越多的人为了越来越少的地位在相互竞争，并为此付出越来越高昂的代价。这种情况在由新闻媒体所支持的诸如体育、电影或绘画等明星球星体制中

---

[5] 约翰·保尔森，1955年生于美国，美国金融投资家，号称"对冲基金第一人"。——译者注
[6] 克莱格·文特尔，1946年生于美国，美国生物学家。——译者注
[7] 史蒂夫·乔布斯（1955—2011），美国企业家，苹果公司的联合创始人。——译者注

第四章 假如赢家卷走了一切

屡见不鲜。尤塞恩·博尔特(Usain Bolt)[8]、安吉丽娜·朱莉（Angelina Jolie）[9]或是格哈德·里希特（Gerhard Richter）[10]攫取了几乎所有的公众注意力、公众舆论和金钱财富，有谁还会知道牙买加其他的百米跑运动员，有谁还会知道一部拍得不错的法国电影中的女配角，有谁还会知道仍然健在的标价最高的德国画家？

弗兰克和库克认为，上述类型的市场在我们当今的现实社会中正在不断蔓延扩大。昔日仅限于体育、电影或艺术界的娱乐和奢侈品市场之风，如今不仅刮进了律师与医疗市场，而且也刮进了投资银行、企业咨询、中小学和大专院校，以及社会基金和非政府组织市场。其中，表现形式的微小差异，可能导致名声、收入或利润上的天壤之别。

---

[8] 尤塞恩·博尔特，1986年出生于牙买加，著名短跑运动员，2008年、2012年和2016年奥运会男子100米、200米冠军，男子100米、200米世界纪录保持者。——译者注
[9] 安吉丽娜·朱莉，1975年生于美国，好莱坞电影明星，社会活动家。——译者注
[10] 格哈德·里希特，1932年生于德国，德国现代画家和雕塑家。——译者注

人们在排位定级时使用的一套语言词汇恰好证明了这种市场的逻辑，即一切可能出现的问题皆由等级地位的高下而定——哪位女作家获得了最多的奖项，哪位女影视明星得到了最高的日片酬，哪位女性董事局成员生育了最多的子女。这一切均可用经过数码加工的大幅人物肖像方式，恰到好处地展现在观众面前。

"展现形象"成了当前的时髦语言。[11] 为了取得社会效应，当事者必须以某种方式在公众场合展露自己的形象和风采。换句话说，人们要求她将大家所熟悉的角色元素巧妙地结合起来，从而在目不转睛的观众面前成功并引人注目地表现自己。她可以通过不同凡响的元素组合将自己别出心裁地乔装打扮一番，从而在传统模式观念方面留给人们一种意想不到的印象——或像有移民家庭背景和身背登山包的投资银行

---

[11] 时下，关于此概念释义的文献可谓汗牛充栋。此处仅参见艾丽卡·菲舍尔－里希特的《展现形象的美学》和阿尔多·莱格纳诺的《展现形象》，第 204—209 页。

第四章 假如赢家卷走了一切

家,或像身着"吉尔·桑达"时装[12]、出身于教育程度很低的家庭的女教授,或像身穿低腰裤、上过大学的木匠师傅,等等,不一而足。当然,所有这一切噱头绝不可看起来让人觉得毫无品位和过分夸张,而应在任何情况下,必须给人一种展现出创造力和成就一番事业的能力的和谐形象。

在为数众多的竞争者为了数量稀少的顶尖地位而相互竞争的过程中,最优秀的精英人士面临着展现自我形象的巨大压力。仅以大学文凭、自信的仪表或是忠诚度的表达(如果并非心甘情愿这样做的话)来证明自己符合传统的工作岗位要求,已经不足为据。人们还必须拿出自己的过人之处,表现出比他人更有智慧、更光彩照人和更勇往直前的形象。归根到底,正如冷酷无情的口号:"赢家通吃一切!"

如今,这种现象已不是什么新鲜事物。经典社会

---

[12] "吉尔·桑达"(Jil Sander)是以出生于德国汉堡的设计师吉尔·桑达名字命名的时装品牌,以极简主义审美著称。——译者注

学的工作能力原则[13]已经对实干能力和成就能力做了区分。只有在工作能力得以展现出来并得到认可的情况下，它才会被他人赏识并带来社会地位的提升。倘若一名艺术家没有被画廊老板或评论家、收藏家发现和追捧，那么，他就将作为默默无闻的业余画家黯然离世。同样的情况也适用于性格古怪、没有得到企业家欣赏的发明家，或是其划时代的学术论文没有得到发表的固执己见的学者。

学业成绩还不是工作成就的保证[14]，而且，即便是怀揣令人刮目相看的文凭毕业离校，也是如此。劳务市场虽然看重教育的程度，但是也要求每一个人在他们从事职业工作期间均必须接受进一步的甄选。不论是在企业工作，还是作为独立创业者，文凭对个人来说，其作用微乎其微。人们必须在没有外在标准的

---

[13] 汉斯·彼得·德莱策尔：《精英概念与社会结构》，第99页及下几页。德莱策尔的观点引述了古斯塔夫·伊弛海泽（《成功的批判》）的经典研究结论。

[14] 新自由主义具有代表性的学说——"没有成绩的成就仅仅是一半的真理"，参见西格哈特·内克尔：《逃往前方》。

第四章 假如赢家卷走了一切

竞争中,过关斩将,脱颖而出,而不是纠缠于过去曾经得到的学科文凭。要言之,等级分明的教育体系考查的是学习能力,公平竞争要求的是工作成就。

尽管如此,我们依然认为,成就并非与能力毫不相干。问题的关键仅在于,最终决定成就的个人能力究竟被体现在什么地方。"能力应当回报自己"——工作能力的这个硬道理,掩盖了各种关系之间实际的两重性。倘若在关键时刻,个人表现的炫目之光决定了一个人是否得以继续留用,还是必须另谋出路的话,那么,人们可能对此产生怀疑,即归根结底,是否唯有成就本身才是决定一切的唯一标准。只有在一个人遭遇挫折、败下阵来时,别人才可以对他说,成就比其他方面更有说服力。

我属于站在聚光灯下受人崇拜和被人围观的那类人吗?抑或,我不得不将自己归属于遭到淘汰和败下阵来的那类人,人们用最好的祝福感谢他们参与竞争,而他们则被迫去拾人牙慧吗?

于是,这里就产生了一个不单单是社会学方面的有启发性的问题。倘若"赢家通吃一切"这样的市场原则扩散到了所有的社会领域，即不仅顶尖岗位市场，而且中等职位市场，甚至婚姻市场以及对所有人都很重要的各种大众市场皆出现了此类情况，那么，对于一个社会的氛围来说，这将意味着什么？电视里那些将最佳男歌手、最佳女舞者或最佳模特交给观众评选的选秀娱乐节目，社交网站中广为流行的、用于得意扬扬的自我炫耀的对话平台等，提供给人们品味和认识这些形形色色的市场的窗口。无论在哪里，问题的关键始终在于两类从人群社会角度的分离，第一类是告诉大家什么是王牌并赢得牌局的少数人，第二类是别无选择而参与游戏，并希望能大量吃牌的多数人。

弗兰克和库克对充满天价酬金、票房大片和畅销作品的社会感到深恶痛绝，这些现象破坏了我们身处其中的中产阶级社会。但是，它们却很少能反映出在一个"赢家通吃一切"的社会，人们真实的生活情感。那些只能拾人牙慧的输家有怎样的感受？卷走了一切的赢家又有什么感想呢？

第四章 假如赢家卷走了一切

只要赢家还能给人以成功的感觉,那么,成功就将继续伴随着这些成功人士。必胜的自信将所有的怀疑一扫而空。顾客等待着新款式的问世,同事们为成功的生意欢欣鼓舞,债权人不愿意错过下一次大鱼上钩的机会。当一切过后,人们发现,广大民众是如何不离不弃地为一个成功人士鼓掌捧场,尽管失败的兆头早已显出端倪,这时,人们的惊讶和感叹是何其巨大啊。

因此,通常来说,凯旋的胜利者是自己最大的敌人。一旦胜利者怀疑自己的苗头被别人看出,那么,其他人的疑窦就会立刻随之发酵。在公众场合下自揭疮疤、承认自己的错误观点以及收回自己咄咄逼人的攻势等,都是自我毁伤的一剂毒药。假如市场上的各类明星风雨飘摇,颓势已现,那么,其周围的旁观者立刻就会有一种遭到欺骗和被出卖的感觉。相关"交易所"的价码旋即做出反应,转瞬之间,关于江郎才尽的传闻和谣言便会铺天盖地,不胫而走。

攫取了一切的赢家不仅可以显示自己的慷慨大度,而且可以对其他人的羸弱无助表现出同情之心,甚至他们应当在适当的时机表现得温良恭俭，充满仁义。但是，他们必须显示出自己能够控制场面的信念。信任固然好，但众所周知，控制更重要。

获胜的男性赢家或者是获胜的女性赢家的主要恐惧，表现在对竞争场面的失控之中。身处人生之巅，人们必须携手合作，建立同盟，以及将相同级别的同路人时刻掌控在手中。但是，恐惧场景的首要问题是，危险往往来自人们未将其视为竞争对手的本团队成员——一个遇到紧张便六神无主、手足无措的毛头小伙，抑或一个努力上进、似乎想把自己的工作经验保留给下一任女上司的青涩女孩，或是一个从前任那里接手过来的多年副手，他们中间，或许有人心里整日暗中盘算，如何在撰写总结报告或是在顶头上司那里汇报项目情况时给你设置陷阱，并借机让自己脱颖而出，一鸣惊人。糟糕的是，你对此还蒙在鼓里，一无所知，但是，你对此风险必须要有精神准备。

对诸如此类的恐惧幻想，失败者只有空自叹息，他们被怨愤的毒素所控制。这是一种压抑在内心的愤

第四章 假如赢家卷走了一切

懑,它由于害怕自己的攻击性而产生。由于无力雪耻和缺乏报复的能力,并且由于进行清算的通道受阻,一种心态便由此蔓延开来。正如马克斯·舍勒(Max Scheler)[15]所表述的那样,这种心态"因系统地对某些情绪活动和情感冲动的压抑而产生,这些活动和冲动本身是正常现象,而且属于人的自然本性的基本部分"[16]。人们咒骂对劳动者的命运不闻不问、像蝗虫一样毫无良心的本国政府,怀念逝去的工业父爱主义时代美好的往日;人们诅咒连锁时装公司和连锁快餐店大规模生产的肆虐和破坏,用举办老唱片音乐之夜和收藏手绘插图的古籍图书来排遣胸中的积怨;人们痛恨私人"超支消费"的炫富资本主义,梦想着有诚信商人那种丰衣足食的经济时代。

在这种情况下,一种随时随地皆能找到抱怨理由的内心创伤的感觉便延续保留了下来。于是,人们变

---

[15] 马克斯·舍勒(1874—1928),德国哲学家和社会学家。——译者注
[16] 马克斯·舍勒:《道德构建中的怨愤》。

成了在为了少数几个顶尖地位的竞争中落于下风的"我们大多数人"中的一员。正如"Re-sentiment"[17]一词所包含的词义，它代表着"再度感受"那些遭受的创伤、经历的失败和忍受的屈辱之意。然而，人们对被这种逐渐啮噬人心的情感完全吞噬的恐惧却始终无法消除殆尽。

西奥多·W. 阿多诺（Theodor W. Adorno）[18] 在与艾尔泽·弗伦克尔 - 布伦瑞克（Else Frenkel-Brunswick）[19]、丹尼尔·莱文森（Daniel Levinson）[20] 和 R. 尼维特·桑福德（R. Nevitt Sanford）[21] 共同合作撰写的关于"权力

---

[17] 德语"Ressentiment"一词的前缀"Re"有"再度"和"重新"之意，"sentiment"是"情感和感觉"之意，作者在下文中对词义做了相应解释。——译者注
[18] 西奥多·W. 阿多诺（1903—1969），德国哲学家、社会学家、音乐理论家，法兰克福学派早期的主要代表人物，社会批判理论的奠基者。——译者注
[19] 艾尔泽·弗伦克尔 - 布伦瑞克（1908—1958），出生于奥地利的美国心理分析学家和心理学家。——译者注
[20] 丹尼尔·莱文森（1920—1994），美国心理学家。——译者注
[21] R. 尼维特·桑福德（1909—1995），曾任美国加州大学伯克利分校心理学教授。——译者注

第四章 假如赢家卷走了一切

主义人格"的研究论著中,将人们对一种使生活之路变得艰难曲折、荆棘丛生的制度的反抗倾向,视为其怨愤的根源。人们必须捍卫自己内心的反抗,从而才能对现实的事物表示认同。比起"赢家通吃一切"社会中的优胜劣汰制度,具有更为严重后果的是这样一个事实:品位低下者不仅登上了顶尖的社会地位,而且获得了所有的好处。从"篡位者情节"[22]的角度来看,人们对与自己身份完全相同的赢家的仇恨,是一种具有典型特征的情绪。倘若赢家是人们自己可望而不可即的"头狼型"人物,那么,他的内心尚有得到自我平静的可能。然而,面对许多好为人师、指手画脚的平庸之辈,一无所获的失败者感到愤愤不平,不服这口气。人们对这样一种分配制度不仅十分痛恨,甚至民主和资本主义也受到株连,难以幸免。

在社会学中,长期以来存在着一种以怨愤对待怨

---

[22] 阿多诺:《权力主义人格研究》,第219页及下几页。

愤的传统[23]，到了尼采[24]那里，这种传统将充满自信的人与满腹怨恨的人对立和抗衡起来。当带有怨愤之人因为复仇无门而被打上谨小慎微、小肚鸡肠和激愤不平的烙印时，所谓"高尚之人"则克服了对自身巨大欲望的恐惧，并将自己从"复仇精神"中解放了出来。

从心理分析角度观之，尼采的"与羞愧感斗争"的态度被揭示为他对怨愤之情毁灭性批判的源泉[25]。体现着一种社会趋势的失败者的命运具体表现在，他们对自己的失败深感羞愧，并通过一种"眼馋的灵魂"（尼采语）沉溺于自我的毒化之中。他们首先看到的总是倾斜的、不成功的和受到阻碍的事物，因而出于对自身情感的畏惧，白白葬送了自己的好运气。

人们可以将"赢家通吃的社会"视作对资本主义

---

[23] 米夏·布伦里克的论述切中了皮埃尔·布尔迪厄社会学的要害，见《性格、仪表和情感》，第141—154页。
[24] 弗里德里希·威廉·尼采（1844—1900），德国著名哲学家、语言学家和诗人，主要著作有《悲剧的诞生》《查拉图斯特拉如是说》《道德的谱系》等。——译者注
[25] 沃姆泽：《羞耻感的面具》。

第四章 假如赢家卷走了一切

冷酷无情的优胜劣汰原则不断普遍化的真实描述,甚至可将其赞誉为一种发现人们卓越能力的过程和手段。但是,这种竞争能量的总动员却付出了它的社会代价,这个代价存在于那些感到自己遭受屈辱的第二名和第三名人群的后竞争的脆弱症中[26]。被强吞下的复仇动机不仅在前进动力阻碍和与世无争倾向中表现出来,甚至在感到被生活所伤害的人生态度中也同样得到再现。如同所有其他人一样,人们原本只想在温暖的阳光之下获得一席之地,但却不得不承受被忽视、被出洋相和被淘汰的结果。所有这一切统统被深刻和顽固地埋藏在了人们的心底,因为从被淘汰和被忽视者的角度来看,一种平等相处的基本原则遭到了破坏。

在社会意义重大的各种竞争活动中,一个人不能

---

[26] 精神病学家米夏埃尔·林登(《创伤后的脆弱症》)将后精神创伤的脆弱症阐释为一种在诸如解雇、分手或遭受损失之后出现的非正常、但却是司空见惯的精神压力的反应方式,倘若这些压力事件被认为是极不公正、极具伤害性或侮辱性的话。在这种情况下,这些压力导致了长时间的痛苦,并伴之以无助、自责和责备他人以及自毁幻想等感觉。最终以自毁的方式来惩罚自己误认为的攻击者的情况,并不鲜见。

将所有的好处皆攫取一空。正如学校的打分等级一样，也应该有上游、中游和末游之分。尽管人们皆以金榜题名、取得成功为目标，但也必须要有获得受到承认的中游位置的机会。崇尚成就和能力的社会需要一种成功的文化，这种文化对胜利者予以嘉奖鼓励，而对失败者则不轻慢羞辱。若非如此，人们对一无所获、空手而归的恐惧，就只会导致心灰意冷和精神痛苦的后果。

第五章
中间阶层的地位恐慌

第五章　中间阶层的地位恐慌

顾名思义，恐惧是我们社会中间阶层真实心灵活动的一种写照。这里，心怀恐惧者不仅是那些害怕有所失去的人士，抑或是有预感会发生不测之事的人群（倘若他们之前做了错误的选择），而且还有那些身处某一社会阶层而感到心中惴惴不安的人，以及对恐惧感所指向的恐惧有所预感的人。然而，与之截然相反的情况是，倘若人们一无所有，无须进行任何选择，自认为身处茫茫黑夜之中以及无须为子孙后代留下一星半点遗产，那么，这类人便不会被一种产生负罪感的恐惧所胁迫，虽然他们自己是完全清白无辜之人。这样一种由一身轻的幸福感所包围的恐惧感，完全不同于那种由毫无缘由的负罪感而产生的恐惧感。倘若正如克尔凯郭尔（Søren Aabye Kierkegaard）[1]所说的

---

[1]　索伦·奥贝·克尔凯郭尔（1813—1855），丹麦神学家和哲学家，被普遍认为是现代存在主义之父。——译者注

那样[2]，前者是一种儿童所特有的、为追求冒险刺激的、令人毛骨悚然的或是对神秘莫测的事物的恐惧，那么后者就是一种充满矛盾对立的恐惧，这是因为，其可怕的真相恰恰存在于它显而易见的庸人自扰和多此一举之中，它确实是一种对不明确的、抽象的事物的恐惧感，其根源存在于一种"令人恐惧不安的、有或然性的可能性中"[3]，因而，它也是一种对人们自身的恐惧感。

由此观之，倘若人们的日子越过越好，广泛的中间阶层得到了越来越多的生存机会，以及相对特权化的群体拥有了针对自身和其所处环境中的地位的足够思考时间，那么，这种恐惧感是否就成了一个侵蚀各种社会群体的富贵病呢？当然不是。物质匮乏的压力和很少与外界接触的生活，使得一个人免于遭受极度紧张人群和高度有保障人群所身负的恐惧之苦。自列

---

[2] 克尔凯郭尔：《恐惧的概念》，第37页。
[3] 同上书，第39页。

第五章　中间阶层的地位恐慌

夫·托尔斯泰（Leo Tolstoi）[4]或约翰·拉斯金（John Ruskin）[5]以来，这种观念即属于从痛苦中解脱出来的所谓"简朴生活"的梦幻图景，这些梦幻图景来自中产阶级世界，却与下层阶级担惊受怕的社会现实少有干系。

然而，为什么今天中产阶级的世界是一个充满恐惧和忐忑不安的世界呢？作为"二战"后长期的和平稳定、福利增加与社会保障的结果，所有经济合作与发展组织（OECD）成员国的中间社会阶层都不折不扣地成为人类文明所带来的舒适、有良好社会保障和个人发展机会的一个社会群体。诚然，这是与20世纪上半叶的阶级社会比较所得出的结论，其时，资产阶级与无产阶级、工人与职员、中层社会和下层社会之间的关系，还处在泾渭分明、互不相干的状态；况且，

---

[4] 列夫·托尔斯泰（1828—1910），俄国大文豪，代表作有《战争与和平》《安娜·卡列尼娜》等。——译者注
[5] 约翰·拉斯金（1819—1900），英国维多利亚时代著名作家和社会哲学家，代表作有《建筑的七盏明灯》《建筑与绘画》。——译者注

阶级之间的矛盾冲突何去何从,对所有民众来说尚是一个巨大的未知数。缘此,20世纪的各种专制极权政府皆曾想通过无所不在的国家暴力和家常便饭式的恐怖,建立一种旨在消除对未来社会冲突的恐惧的社会现实。

今天,剑拔弩张的阶级冲突已不再是人们普遍关心的社会问题。[6]正如乌尔丽克·贝格尔(Ulrike Berger)[7]和克劳斯·奥费(Claus Offe)[8]于1984年在关于已经消亡的阶级冲突世界既悲情伤感又如释重负的回顾文章中所形容的那样,社会的中间阶层被职员

---

[6] 1945年以后,大部分老百姓社会地位的上升,是一个不应当被遗忘的事实。倘若根据特奥多尔·盖格尔的观点,将"老的"和"新的中产阶级"算在一起的话,那么在20世纪20年代中期,德国大约有三分之一的人口可被算作中间阶层(盖格尔:《社会分层》);倘若根据卡尔-马丁·博尔特等人的研究结论(《社会分层》),将中间阶层的上、中、下人群算在一起,那么,联邦德国在20世纪60年代有近一半的居民属于中产阶级的悠闲自得人群。斯特凡·赫尔迪尔也持此观点,见《德国的社会不平等现象》,第365—357页。
[7] 乌尔丽克·贝格尔,德国社会学研究学者。——译者注
[8] 克劳斯·奥费,1940年生于德国,德国社会学家。——译者注

第五章 中间阶层的地位恐慌

们"无特性的非阶级"所左右。[9] 这里,"无特性的非阶级"不单单指传统意义上的男性和女性职员,而且这些作为"资本的下级军士"的职员们——西格弗里德·克拉考尔(Siegfried Kracauer)[10] 在他于1929年发表的经典社会调查报告中将之称为"社会的太监"[11]——在财务、运输和客户管理部门的办公室中,以及在劳动规划、生产运营和企业发展的部门中,埋头于他们的工作;在我们这种社会类型里,研发中心的工程师和技术员,尤其是汽车、机床和出口型的、具有高生产率的设备制造业的专业工人,也无条件地属于社会中间阶层之列。当然,政府机关里的中级和高级官员,以及金融服务、医疗卫生和法律服务业中的自由职业者,都应当被看成是社会的中产阶级人士。总之,这是一个由有着高度资质和生产效率的雇员及独立执业者所构成的、行业类型广泛的群体,他们不

---

[9] 贝格尔、奥费:《职员工作精简的窘境》,第271—290页。
[10] 西格弗里德·克拉考尔(1889—1966),德国社会学家。
[11] 克拉考尔:《雇员们:来自最新德国》,第12页。

仅创造了大量的税收，进一步深化了由福利国家保障的各种权利，而且在选民中用自己的声音来表达自己的诉求。不唯如此，那些经久耐用的奢侈品广告，诸如符合环保要求的小汽车、品位高雅的家具装潢，或是专为各种年龄段的人群和各种类型家庭定制的假日旅游等，皆以他们为广告对象和营销目标。他们对自己退休时老有所养、中年时升职加薪，以及对面向未来的进修学习和财产的代代相传津津乐道，心之所系。[12]自负其责、自我独立和自我支配时间的"自我能力"[13]，由此可见一斑。

这便是我们社会中引领时尚和政权赖以支撑的"多数派阶级"。根据拉尔夫·达伦多夫（Ralf Dahrendorf）[14]的观点，这个多数派阶级由"隶属于这个阶级的人员组成，因而他们可以对无须现存制

---

[12] 关于此类社会面貌，参见斯特芬·毛：《人生机遇》。
[13] 这是米歇尔·福柯（《求识意志》）提出的一个恰到好处的表达用语，意在强调中产阶级自我不遗余力地想要按照某些美学价值和某些趣味标准的尺度，成为自己想要成为的角色。
[14] 拉尔夫·达伦多夫（1929—2009），德国社会学家。——译者注

第五章 中间阶层的地位恐慌

度的根本变革便能够实现自己多重的人生目标充满希望"[15]。如今,为什么一种恐惧的情绪恰恰在这类多数派阶级成员中蔓延滋长?难到上述的结论出了问题?多数派阶级不再是多数人群了吗?抑或,他们个人的生活目标不再适合于现行的社会结构了吗?整个社会制度以其生活品位为基调的这一人群的心里究竟有一种什么样的恐惧呢?

对此,公众社会充满了各种发人深省的消息报道,例如"中间阶层(就中等收入而言)正处在萎缩之中,他们被贪得无厌的国家政府用苛捐杂税榨干了油水",或是"由于其身处少部分人拥有大量财产和大部分人拥有少量财产之间的险峻地位而一叶障目,自欺欺人"。这样的消息报道很自然地引起了媒体一时间的躁动,但仔细观察,这些报道当然皆无法证实自身的

---

[15] 达伦多夫:《现代社会冲突》,第169页。

真实性。[16] 作为一个完整的群体，德国的中产阶层不仅地位相对稳定、生活有广泛保障，而且一如既往地是经济发展的源泉和社会团结的支柱。不若此，以争取中产阶级为目标的党派组织的迅猛发展，受到人们广泛拥护的福利制度的改革，来自制造业中小企业的许许多多"隐形冠军"令人惊叹的全球竞争力，以及德国人普遍不计报酬的义工精神等，就无法得到合理解释。绿党人士、"承前启后的福利国家"、活跃在全球的中小企业家和多姿多彩的文明社会，给21世纪的德国社会烙上了深刻的印记。所有这一切均归功于德国西部的中产阶级，而且也越来越多地归功于德国东部的中产阶级，从而给德国社会的市场经济模式奠定了基础。

---

[16] 对此，请参阅比较格拉布卡、弗里克的《萎缩中的中产阶级》，第101—108页；格罗 - 桑贝格、赫特尔的长期分析报告《中间阶层在走下坡路吗？》，第138—157页；拜泽的批评文章《对中产阶级的强取豪夺》；斯特芬·毛的《人生机遇》；或是赫尔曼振聋发聩的论文《乌拉！我们可以交钱啦！》；赫伯特 - 匡特基金会（出版人）的时事报告《在衰落和改革之间》。

第五章　中间阶层的地位恐慌

可是，我们德国人当前却因之处在了一个得福者的孤岛上。我们周围的国家，不论是法国、英国、荷兰、意大利和西班牙也好，美国或俄罗斯也罢，社会的中间阶层似乎均处在分化、减少之中。上述这些国家出现了新的社会群体，它们在过去三十年的"新自由主义"期间，因为价值创造优先行业的变化而人数激增，所以打破了社会中间阶层内部经过长期的分配和均衡得以巩固的局面。在20世纪30年代或50年代用政府的建房资金为地位较低的中间阶层家庭修建的成排公寓楼地区，自90年代后，出现了到处在公寓楼中打断隔墙和增建房顶的现象，目的是给那些"富于创造性的阶层"打造视野开阔、通风透气和宽敞明亮的居住空间。曾经由奋力打拼、但并非家财万贯人家居住的公寓楼，如今搬进了来自金融、时装、艺术、咨询和互联网行业"年轻的城市专业人士"。

原住户中凡是不受不可思议的房地产价格暴涨诱惑者，当他们向窗外望去，映入眼帘的不是送鲜花的快递小哥、送地板材料的装修工人和健身教练，就是打扫卫生的清洁工、装修厨房的工人和瑜伽教练等,在新来的住户中进进出出的景象。在这个世界上,这些聪明能干的年轻一代随处可见,他们凭借私家轿车、山地自行车、精美饮食和家中的多个子女,不仅向外界展示自己如何获得新时代所带来的各种实惠,而且对那些落伍于时代的人们熟视无睹,漠不关心。拉尔夫·达伦多夫将他们称为有能力、有人脉和有办法的新全球阶级,他们视危机为机遇,并且毫无良心谴责地利用了社会结构变革的各种机会。[17]他们更多地是以国际机场的"贵宾候机区"为家,而不是以自己的祖国为常住地。他们像说自己的母语一样,说着一口流利的英语,并且认为经济、法律、政治和体育的全球化无可替代,虽然夜晚时分在酒店房间的迷你酒吧前,心情也会变得闷闷不乐,郁郁寡欢。

在德国,人们当然也能找到这样一批人,他们是互联网大型电商的创立者、律师事务所的合伙人或是

---

[17] 达伦多夫:《全球阶级》,第 1057—1068 页。

第五章　中间阶层的地位恐慌

市场营销公司的创始人。人们不必强迫自己喜欢这些同时代的人，但若是声称他们是德国中产阶级社会的掘墓人，结论下得未免有些过早。相反，人们甚至可以认为，德国的中产阶级社会正是因为这些具有企业家精神的新人物而获得了新的活力和非同一般的思想。甚至，一个"老式中产阶级"的传统职业，通过思想解放、接受更优化的生产方法、口味别具一格的细微差异，以及全新的广告战略，可以使自己脱胎换骨，面貌一新。对此，葡萄酒农的实践为人们提供了很好的范例。正是这些传统家庭企业的男性，尤其是女性继承人，他们见多识广、勇于实践且技艺精湛，从而不折不扣地给"德国葡萄酒业"带来了一场品质和地位的革命。今天，知名的英国品酒师将产自莱茵河流域的雷司令选入世界上最佳白葡萄酒之列，为此，人们可以欣慰地将之视为这个国家美食界长足进步的一个佐证。

尽管如此，无可否认的是，德国的中产阶级也同样出现了分崩离析的趋向。如同普遍存在的现象一样，这种倾向首先与就业风险和社会地位的机会所发生的变化休戚相关。工程师——不论是拥有名牌工业大学的文凭也好，还是毕业于默默无闻的工科院校也罢——无须为劳务市场的状况操心劳神，作为屹立于世界经济之林的装备制造商，时刻等待着他们的投奔和加盟。而保险业和银行业的情况却不尽相同，那里的总体就业情况每况愈下，其中，尤其是担任领导职务的人员需求明显下降，而数学计算部门专家的地位则不断上升。在一名对本行业还根本不甚了解的年轻女数学家面前，勉强保住地位的资深律师或企业管理人员不得不听她讲解，哪种金融产品有前途，哪个产品已经被市场淘汰。在此行业中，不仅就业岗位稀缺，而且市场地位也岌岌可危。因此，"恐惧"一词用在此行业恰到好处，恐惧的情绪正在这幢写字楼上悄悄蔓延。

这种昔日的特权地位受到威胁的感觉，不仅身居保险业和银行业领导地位的员工有之，而且身居要职的报纸记者也未能幸免，他们认为自己所从事的行业

第五章　中间阶层的地位恐慌

已处在风雨飘摇的下坡路上。网络夺走了他们的新闻特权，如雨后春笋般出现的免费报纸正不断抢走他们的客户，在以会讲故事和刊印艺术化图片为专长的新闻杂志业中，仅剩下少数几家还有混饭的一席之地。

除此之外，自千禧年以来，在社会中间阶层的各种不同职业群体之间出现了收入上的巨大差异。在2000年至2005年间，最多允许雇用九名员工的个体创业者的收入出现了大幅度增加，而中级和高级的公务人员，以及中层和身居要职的企业职员的收入，几乎没有改变。不过，未雇用员工的个体创业者的收入在这一时期则大为减少。因此，企业家的创业活动显然并不总是值得进行涉足尝试。[18]

由于高收入人群的收入未见提高，中等收入人群的收入在不断减少，因此，总体而言，社会中间阶层的收入也未得到增加。然而，由于各种税赋在同时上涨，对于高收入人群来说，他们一部分显著增加的毛

---

[18] 赫拉迪尔、施密特：《恐惧和机遇》，第203页。

收入并没有完全体现在明显的收入和所得的改善之中。对于这部分社会群体来说，他们的毛收入和净收入之间的差距要比社会的平均水平多出很多，因此，在他们总体的满意情绪中总是夹杂着些许抱怨的成分。他们毫不犹豫地对"老实人即傻瓜"的说法表示认同，并认为自己的所得税已经缴得足够多。[19]

这些与可支配收入相关的数据表明，在社会中间阶层中存在的岌岌可危的状况和脆弱的职业生涯情况在不断增多。铤而走险者，并非一定成为赢家。九名雇员——这是个体创业者为了实践自己做生意的想法所雇用员工数的一个关键数量，这个数字并不说明，相对于咨询、策划、教学、开发或设计的服务类行业而言，人们是否在加工制造业更容易获得成功。但是，谁若是在商场上只想单枪匹马，孤军奋战，结果往往并不如愿。

不雇用员工的个体创业者，在多数情况下是以教

---

[19] 为此，赫拉迪尔和施密特提供了 SOEP 的数据作为基础。

第五章　中间阶层的地位恐慌

育、咨询或是其他社会服务人员的身份，在福利国家的阴影中打拼谋生，他们获取报酬的计算方法是朝不保夕地按订单收费。他们仿佛是在"交活儿期限的链条"[20]上艰难前行，或者是在不断寻找着新的生财项目。通常，他们要么是手中拥有这样或那样的文凭和资质，要么是迫不得已或是出于兴趣爱好来决定走自己创业、解决生计之路。我们可以这样来想象一下他们所从事的职业：一名拥有大学师范教育系毕业文凭的家庭辅导人员，或是一名拥有国家法律考试证书的调解人，作为个体户，这些人在大城市的环境中艰难谋生。与那些开着生意火爆的高校毕业生就业指导培训班，或是与那些开着为建筑公司进行项目管理的大型监理办公室的同龄人相比，他们既不缺少手中的毕业文凭，也不缺乏对开发和设计的兴趣，二者唯一的不同仅在于，他们上错了船，搭错了车。如同其他国

---

[20] 赫尔弗里德·明克勒在他的《中庸与尺度》一书中（第51页及下几页）谈到了与高收入人群的失望情绪相关联的怨气越来越大的问题。

家一样，德国不仅同样有为数众多的有文凭资质的建筑工程师，他们在自己的职业生涯中未收入分文，而且还有数量可观的药剂师，生意赔本，破产关门。除此之外，还有不计其数的各种万金油式的律师，他们在弗莱堡（Freiburg）[21]、柏林或是维斯马（Wismar）[22]等城市靠打理鸡毛蒜皮的案件勉强度日。德国经济研究所于2014年根据"社会经济面板"项目的定期调查采访了解到，在德国所有440万自由职业者中，有四分之一的小时工资低于8.50欧元。[23] 这些人中，不仅有理发师、报亭商贩和小酒馆业主，甚至还有律师、建筑师、自由创作艺术家、翻译和大学临时讲师等，不一而足。以如此低微的收入所得，想要为自己的看病就医和退休养老未雨绸缪，几无可能。这一现象集中反映了所谓"价值倒挂的恐惧"，对此，前文提到

---

[21] 弗莱堡位于德国西南部的巴登－符腾堡州，人口约22万，有著名的弗莱堡大学。——译者注

[22] 维斯马位于德国北部的梅克伦堡－前波美拉尼亚州，人口约6万，是一座港口城市。——译者注

[23] 普里克特：《四分之一独立执业者收入微薄》，第17页。

第五章　中间阶层的地位恐慌

的特奥多尔·盖格尔于1930年在他的著名文章中曾将之视为引起"中产阶级恐慌"的原因所在。[24]由于未得到与教育程度和个人能力相匹配的社会地位，人们心中的不满、仇恨和怨愤油然而生。眼下生活中的社会和经济地位与自认为合理的个人需求之间的差距越大，这种要求就越发不可遏制。

针对上述案例，如今，人们将其形容为我们社会中间阶层形态各异的"脆弱小康生活"[25]。在这种"脆弱小康生活"所涉及的人群中，有一部分可能恰恰是中产阶级行列里一些衣食无忧的人士。社会学的个人化理论述及的所谓"自我塑造潜力"[26]，既可以产生积极的作用，同时也可以产生消极的作用。有人投身于自己的事业，并且在勇气和献身终有回报的经验基础上获得了更大的发展；抑或，在朋友和熟人的眼中，

---

[24] 盖格尔：《中产阶级的恐慌》，第637—654页。
[25] 关于此概念，可参见许宾格慈善基金会20世纪90年代的调查报告《脆弱的小康》，这种"小康社会"原本是以专业技工、小职员和一般公共机关的公务员（男性和女性兼而有之）为分析对象。
[26] 贝克：《风险社会》，第120页及下几页。

焦虑的社会：德国当代的恐惧症

有人成了一个因为自己的种种要求未能实现、最终铩羽而归的失败男人，或是一个在家庭和工作之间未找到真正平衡的不幸福的女人。如今，即便是一张国家医学考试合格证书，或是一个曾经如此荣耀无比的哲学博士头衔，不仅无法保证这位当事者不会陷入尴尬的境地，而且也无法保证他或她在其以教育、收入和工作为主导的价值观中不与外部世界产生脱节和失去关联。当今社会，来自书香门第、饱读诗书的失败者，以及来自社会地位上升家庭的、职业生涯一事无成的人越来越多。昔日大学校园的阳光少年或是公务员培训班的一枝花，二十年后同学再度相聚时，却成了玩世不恭的酒徒或是身心疲惫、拖儿带女的单身女人。这样的故事并非凭空杜撰，而是德国中产阶级恐惧氛围司空见惯的实例，这种恐惧就像是平地骤然而起的一阵风[27]，悄然无声但却确凿无疑地吹到了整个社会的各个角落。

---

[27] 这一比喻出自安妮特·佩恩特的《恐惧词典》，第107页。

第五章 中间阶层的地位恐慌

然而，这种恐惧难道不是建立在人们对社会中间阶层的一种十分明确和一以贯之的繁荣景象、令人肃然起敬的地位所寄予的错误期望之上的吗？曾几何时有过约定，同样的条件必须产生同样的结果？但凡来自社会中间阶层的人士，他们真的不得不为陷入贫困的漩涡以及落入社会的边缘感到忧心忡忡吗？在一个唯才是举的社会，社会地位上升的另一面则意味着社会地位的下降。在此过程里，不在社会环境中随波逐流的个人品质起着至关重要的作用。否则，围绕着争夺激烈的职位的竞争便失去了意义。若是没有了失败，成功也就没有任何价值可言。对此，社会中间阶层的人们无须再做探讨争论。

恐惧产生的原因在于，人生旅途方向的迷失。尽管拥有良好的家庭背景和响当当的毕业文凭，但是，个人在今天仍然感到自己愈发缺少保护和更容易受到伤害，其原因是，追求个人独立决策和不脱离集体之间的有机联系，似乎已经不复存在。倘若火车司机在提出自己的加薪要求时，不再以列车乘务人员作为比较对象（他们与这些同事共同构成了德国铁路的企业集体），而是与航空公司的飞行员进行攀比[28]，那么这就意味着，个人的所得利益战胜了集体的合作职责。显而易见，个人的勤劳才干和不脱离集体的意识在中间阶层的思想观念中不可分割的时代，已经成为过去。虽然社会上依然不缺乏对工会组织和党派团体进行指责并认为国家被贪得无厌的政客所掌控的辛勤劳作的个人主义者[29]，但是，对财富分配表示赞同并主张利益均衡的人士，如今充其量要么看似悲情怀旧，要么大多数情况下表现得天真幼稚或思想保守。在这里，我们不仅可以看到一种思想观念正处在分化演变之中，更为明显的是德国中产阶级社会环境的一种分崩离析的状况。由于不同的单一群体可以获取更多的

---

[28] 此处指的是由德国火车司机工会于2007年组织的罢工，关于此次罢工，可参见卡拉斯的《铁路工会的新竞争》。

[29] 根据由弗里德里希·艾伯特基金会委托第三方进行的民意调查得出的结果（《改革过程中的社会》），此类人群在德国占11%。其中引人注意的是，德国东部为15%，西部为10%。参见诺伊格鲍尔：《德国的政治环境》。

第五章　中间阶层的地位恐慌

利益，而总体上可供分配的利益变得越来越少，所以，人们追求社会地位的上升与其说是携手并肩，毋宁说是相互拆台。传统主义的小市民、有一技之长的工人、赶时髦的小资人物、个人主义的创造发明家、敢想敢闯和获得成功的移民人士，以及思想保守的知识型公民等，似乎已经今非昔比，失去了昨日的光环。如今，人们不仅相互防范猜忌，同时自己也感到如芒在背，坐立不安。战线瞬息变换，同盟顷刻易人，这一切与教育的差别、辈分的不同、地区的差异、行业等级的沉浮消长、年龄段的差距、民族群体的关系，以及与性别特征的变化，同时交织在一起。尽管如此，人们始终想要找到答案的问题是：什么人觉得自己遭到了欺骗？是谁的欲壑难填？谁应当做出牺牲？谁落在了心中梦寐以求、自己提心吊胆、无法预测又无法预见的社会发展的后面？如今，人们缺少的是一个未公开表达出来的理想，并且，有鉴于扑朔迷离的未来，这个理想能够在中产阶级不同的社会道德环境之间起到调解、沟通或平衡的作用。[30]

  这些相互之间有着千丝万缕联系并且针锋相对的中产阶级社会环境唯一的共同之处在于，他们时刻感觉到自己那传统的、已经到手的或是自认为拥有的社会地位受到了威胁。在德国，谁若是今天将自己的身份定位在中产阶级，那么，在他环顾自己身边的亲朋好友和邻居同事时，尽管不相信中产阶级在逐渐萎缩，但也同样不会认为中产阶级还在继续扩大。甚至是以企业家、医生和工程师的身份在中产阶层立足的土耳其裔、越南裔或印度裔的德国人皆认为，他们祖籍国的中产阶级数量在不断增多，而德国正相反。因此，尽管出生和成长在德国，但他们依然不完全排除返回祖籍国的念头。

  于是，人们很自然地从中得出了一种印象，即首先因为"新兴国家"（巴西、印度、中国或南非）经济的活力、发展的前景和人口的储备作为生产力提高、

---

[30] 同样的观点还可参见赫拉迪尔、施密特：《恐惧和机遇》，第214页。

第五章　中间阶层的地位恐慌

享受国家福利的权利扩大和社会道德敏感性增加的推动作用，全球的中产阶级占领了整个世界。根据年收入30000—60000美元的基数，高盛等银行机构预测，在不久的将来，亚洲和拉丁美洲将出现更多的此类中等收入人群，而不是在G7国家的美国、日本、德国、英国、法国、加拿大和意大利。全球范围内，每年中产阶级数量的增加大约为8000万人，到2030年，其比例将从目前占世界人口的29%上升到50%。考虑到人口增长的因素，届时中国将占18%（目前为4%），而德国仅占2%（目前是6%）。[31]

　　眼下，当中产阶级的数量在其他地方爆炸性地增长时，欧洲其他国家和德国中产阶级的成长在1945年后显然已经触顶。有鉴于此，德国的中产阶级不可能仍然寄希望于自身数量的增加，而是必须做好稳定和巩固自身队伍的准备。虽然外贸出口逐年增

---

[31] 多米尼克·威尔逊和拉库拉·德拉古萨努：《中间阶层的扩大：世界中产阶级爆炸式的增长和全球不公平现象的减少》，数据引自斯蒂芬·毛：《人生机遇》，第64页。

加，德国的技术被寻求发展的国家广为追捧、争相采购，并且，虽然在所有经合组织国家中德国克服了2008年的危机，或许已成为最大的经济强国，但是尽管如此，人们必须意识到，不能对此抱有一成不变的希望。德国中产阶级的韬光养晦、低调克制和务实苦干的气氛，与如下一种观点十分契合，即新重点的形成和其他的依赖关系，给全球格局打上了深刻的烙印。在这种情况下，社会的不平等变成了压倒性的话题，原因就在于，谁遥遥领先，谁落后被动，以及谁作为"幕后人物"依靠其成熟的个人能力和卓越的知识水平能够起到社会安定的作用，所有这些问题都已无法确定，面临危机。

　　这便是今天中产阶级普遍存在的恐惧话题。人们发现自己身不由己地处在了一个开放和全球化的环境当中，在这样的形势下，一个国家依赖于发展途径的经验必须直接面对全球范围内相互竞争的所谓"最佳实践"的挑战。当"德国制造"在全球的汽车、机床、智能手机、医疗器械、清洁设备、互联网贸易或大数

第五章 中间阶层的地位恐慌

据市场上不再一马当先之时,谁还会对"经济奇迹"[32]时代的那种苦干精神、价值观转变和个人主义化的成果、柏林墙倒塌的经历或是德国统一的得失账感兴趣呢?这是一种对具有颠覆性的价值转移的切身感受,这种感受也潜移默化地渗透到了德国中产阶级,并对之产生了负面的影响。

这种恐惧心理的重点是教育问题[33],它涉及社会中产阶层的众多家庭。尽管德国的教育体系自21世纪初的"PISA冲击"[34]以来付出了很大努力,但德国的家长依然认为,他们的子女在公立学校中没有得到良好的教育和培养。实行具有约束性的质量标准、跨年级的学习小组和协作性的学习课目实验、高中毕业期间学习时间的灵活安排,尤其是取消五年制至九年制的综合类学校等措施,皆未能使他们相信,可以像

---

[32] 这里指的是"二战"后50年代和60年代德国恢复经济和大发展的时期。——译者注
[33] 此问题的后续论述可参见本书作者所著的《教育的恐慌》。
[34] "PISA"指的是"国际学生能力评估计划",英文全称是"Programme for International Student Assessment"。——译者注

当年自己的父母那样，非常放心地将他们的孩子送到离家最近的小学或是上学路途通畅的当地高级中学就读。凡是按照宽松的融合标准来注重社会团结及和谐共处的学校，就有可能缺少对学生数学能力的重点培养；凡是重视数学和理科教育的学校，教学中的音乐课程或许会被忽略；凡是一开始就用德语和英语教学的学校，价值观的传授有可能显得不够充分到位。在对经合组织国家教育体系的教学质量和社会融合关系进行考察分析的国际比较项目中，例如PISA（国际学生能力评估计划）、TIMSS（国际数学理科教育调查）或IGLU（促进国际阅读素养研究）等，出现了一种家长对学生素质和能力表示关切的呼声。这些呼声道出了问题的关键所在，在这个人海茫茫的世界，为了前途未卜的未来，我家孩子在哪里可以获得在认知及人际交往、思想及学习动力、感情及表达方式方面强大而良好的教育？

在这种情况下，那些有着高学历、想让子女接受最好教育且对情况了如指掌的中产阶级家长，不可谓

第五章　中间阶层的地位恐慌

不费尽心机，拼尽全力。然而，那些被他们请来出谋划策的教育专家、学习辅导和谈话治疗师所拿出的方案，却往往是一个模棱两可和于事无补的空洞建议——要相信自己孩子的发展潜力，而不是相信普通学校的知识传授能力。于是，这些既有批评眼光却又依赖于他人支持和协助的家长，在面临选择适合的幼儿园、小学、中学和大学的问题时，感到左右为难，难下决心。他们不愿意让自己的所作所为给人一种带有种族主义或是高人一等的印象。然而，一旦他们给人以这样的印象，即由于教育政策和措施，他们的子女要被当作其他孩子（这些孩子的家长似乎对自己子女的教育和成长缺少重视）的社会陪衬以及替他人作嫁衣裳的伴读陪衬时，他们便陷入了对政府教育部门和学校自以为是的做法的不满和愤慨之中。

20 世纪 80 年代和 90 年代教育普及的受益者对此现象的反应尤为敏感。他们认为，自己作为家庭成员所取得的社会地位以及作为个人所取得的工作成就，受到了落后于自己、有移民背景的失败者和没有上进心的社会下层人士的威胁。如果说目前所有在德国接受教育的儿童有半数是来自有移民背景家庭的话，那么，这些与自己孩子同上一所学校的学童的家长的祖籍是哪一个国家，可能已不再显得那么重要。重要的是，这些家长为人处世的方式、教育理想和价值观念是否与自己不谋而合。普通中产阶级的家长——不论是土生土长的德国人也好，还是有移民背景的德国人也罢——不仅对那些他们主观臆想的、大多数家长不重视子女教育的学校敬而远之，而且通过更换住址或是选择私立学校的方式，将自己的孩子送到他们认为都是同一类人的学校去。某种社会道德方面的恐惧心理正在德国悄悄蔓延，即恰恰是在教育领域中，人们按照移民群体把人分成三六九等的倾向，逐渐被按照身份地位来进行分类的倾向所取代。换言之，一个原籍是阿富汗的工程师或牙医的女儿，在学校里不会引起社会关系层面相互适应的问题，而人们对待一个来自科索沃或叙利亚的快递员或养老院护工的儿子的做法则完全不同：只有当这个小男生表现得比人们预想

第五章 中间阶层的地位恐慌

的更聪敏、更友善以及长相更帅气时,他才会受到人们同等热忱的接纳。正是这种态度上的差异,决定了地位和等级的差别。

通过教育领域的情况我们可以清楚地看到,身份地位的恐惧首先是对未来前途的恐惧。基于对未来事物的主观臆测,人们感觉自己已经得到的以及准备传承给后代的身份地位,受到了某种威胁。这里首先涉及的是那些其重要性来源于知识和教育的非物质价值,以及来源于具有重大财富象征意义的社会地位。[35] 与此相关联的职业包括,针对企业的组织策划、咨询、法律和财务等服务性行业,以及诸如设计、网络通信、营销和广告类的生产与创造价值的行业;此外,还包括医生、律师、治疗师、培训师和中介人员等为实际生活提供服务的职业,以及科研领域的工程师、数学家、软件开发人员、物流规划师、分析师、行为研究

---

[35] 此处相关的作者是罗伯特·赖希(《新世界经济》)关于"系统分析能力"的概念,以及皮埃尔·布尔迪厄(《区分》)关于"差别获益"的概念。

人员、人口统计人员、认知心理学者和民意调查员等。

  这些人群从事着提供各种方案、建议、产品展示方式、算法、数据和发展远景的职业，他们所生产的商品，今天可能价值连城，明天就可能一落千丈，只剩白菜价。早在20世纪50年代初，美国社会学家查尔斯·赖特·米尔斯（Charles Wright Mills）[36]在他论述白领阶层的著作中就已经发现，当今社会中，新兴中产阶级乃是由从事知识应用和价值生产的人群所组成的。[37]他们自食其力，并且手中拥有经过特权化的、通往建立在升值和降值基础上的价值源泉的敲门砖。所谓创新事物，无外乎是现有的和已经存在的事物被改头换面、变换用途而已。举例来说，迄今为止不花钱的人与人之间的沟通交流，经由互联网摇身一变，转瞬之间即可挣到大钱；再比如，迄今为止一直

---

[36] 查尔斯·赖特·米尔斯（1916—1962），美国社会学家，文化批判的代表人物之一，主要著作有《性格与社会结构》《白领：美国中产阶级》《社会学的想象力》等。——译者注
[37] 米尔斯：《白领：美国中产阶级》。

第五章　中间阶层的地位恐慌

被视为无价之宝的百科全书,其身价由于搜索引擎的出现骤然之间一落千丈。如今,谁还会知道柯达胶卷和诺基亚手机,未来,谁还会知道戴尔和苹果电脑呢?

米尔斯揭示了作为符号分析和心理社会学对象的新兴中产阶级标志的特权化与脆弱性这一对矛盾,并从中得出了"中产阶级成员隐藏在心里的地位恐慌"的结论。人们无法确切知道,现在为他们提供丰厚收入和高人一等地位的那些事物还能持续多久。因此,当文化、知识和价值的传承因为一个被视为少数派的群体(他们出于不同原因与主流社会脱离了联系)而在教育机构中也同样被人们议论纷纷时,他们便陷入了大惑不解之中。倘若遗产的传承不再能够得到保证,那么,人们在家族的延续中还有什么遗产可以传给自己的后代呢?缘此,有目共睹的教育恐慌就成了一种潜在的地位恐慌的外在表现。

第六章

社会下层日常的拼搏奋斗

第六章　社会下层日常的拼搏奋斗

社会中间阶层的此类恐惧举动仅仅是一种怯懦胆小、感时伤春和沮丧气馁的表现吗？倘若人们将社会学的某些概念，如安全悖论（对不安全的敏感度随着安全程度的增加而增加[1]）、天花板效应（一件事物已经发展到了极限[2]），或是对细微差别的自我陶醉（把微小的差别视作采取行动以保持远距离的基础[3]）等，作为分析比较的理论依据，那么，人们不禁会得出如下结论，即社会恐惧的种种形式代表了多种以广泛的忧虑诉求和高度的安全需求为特征的社会现状的伴随

---

[1]　此处可参见埃弗斯、诺沃提尼：《论与不安全打交道的方式》，或埃瓦尔德：《未雨绸缪的国家》，以及舍内克、毛、舒普：《感觉到的不安全》，作为当今时代的引证文献。

[2]　这种感觉见于阿伦斯巴赫民调机构的一项民意调查中，参见雷娜特·克歇尔：《社会政策地雷阵》。

[3]　在相似性的范畴中，独特性建立在最微小的差别基础之上。自诸如托斯丹·凡勃伦或是格奥尔格·齐美尔等经典社会学家以来，这一思想在社会学中已广为流行。

现象。如果个人的小日子过得越好，生活标准的不断提高越无可能，以及生活状况之间的相似性越大，那么，人们对失去已有事物、财富遭到剥夺和社会地位回落的恐惧感也越大。

然而，我们社会中那些与所有这一切皆毫不相干的人群的生活又如何呢？那些即便到了天堂也要为自己打抱不平的人，他们担惊受怕的是什么？社会下层的恐惧究竟是一番什么样的情形呢？

时下，德国的制造业中已经没有了低收入者，服务业乃是低收入人群从事的主要行业。[4]在楼宇清洁、包裹快递、经济保安、人员护理、酒店餐饮、美发沙龙和廉价商品零售业中，就业人口比重已占到全部从业人口的15%。[5]虽然这些行业从事的是简单的服务工作，但是要求高，收入低。在私人快递公司上班的

---

[4] 以下的论述得到了新近出版的关于德国"服务业无产者"状况的两份调查报告的启发，参见弗里德里克·巴尔的《服务业社会的生存模式》，以及菲利普·施塔布的《服务行业中的权力和统治》。

[5] 此就业部门的数据来源，见丹尼尔·奥什：《重新绘制阶级地图》，第126页。

第六章 社会下层日常的拼搏奋斗

打工族不仅自己要担当物流调度员和司机,而且还要充当搬运工和客服人员的角色。每天晚间下班时,送货车必须空车回返,不论之前你要爬多少级楼梯,遇见多少亲自收货的客户,包裹的重量有多重。[6] 在清洁公司,尽管只有六分钟的时间用来打扫一间办公室(包括打扫窗台、清理废纸篓和桌面擦灰等工作),但也必须保持这一工作节奏。作为护理工,他们常常不得不照料生命垂危的病人和孤寡老人。清晨一句亲切的问候或是用手在额头上感觉一下体温,这些对临终前的病人和老人来说,都是可以改变一天情绪的细微动作;而将护理对象抱起和放下,才是他们工作的主要内容。盛夏时节在舒尔特岛(Sylt)[7] 上做餐厅服务员,绝非是一个诗情画意和轻松愉快的工作。

除了旺季的高峰期外,人们每月平均所挣的税后

---

[6] 当然并不排除出于无法解释的原因,快递包裹从一个私人快递公司转手到另一个快递公司,从而在路上辗转一周的情况。
[7] 舒尔特岛位于德国的北海之滨,邻近丹麦,是德国人夏季避暑度假的胜地。——译者注

工资在 900—1100 欧元之间。凭借这样的收入，他们只能依靠《哈茨失业金法案四》（*Hartz IV*）[8] 的补贴才能养活全家，或是仅能维持工资补偿规定的基本生活保障水平。一周五天拼命工作，到了周末或是等到将来再享受生活——这样的生活规律不适合于上述人群。曾几何时，这一规律曾经适用于制造业中的脏活累活，如今却不再适合于服务业中的辛苦工作。从事简单服务业工作的人们可以勉强度日，但是无法在业余时间里得到辛勤付出的补偿回馈。

上述职业均属于增长中的行业，这是因为不仅普通家庭在网上购物的情况愈发普遍，用作知识型产业和服务业生意的各类公司的办公室数量不断增多，而且，国内高价位的度假旅游越来越具有吸引力，才华出众、有一技之长的人群占总人口的比例也越来

---

[8] 《哈茨失业金法案四》是德国总理施罗德执政期间于 2005 年 1 月 1 日起实行的一部失业救济金法，由施罗德政府委托大众汽车公司人事总监彼得·哈茨博士（Dr. Peter Hartz）从 2003 年至 2005 年牵头制定，2005 年出台的是第四套方案，故名。——译者注

第六章 社会下层日常的拼搏奋斗

高。[9] 因此，简单的服务行业同样可以收入不菲。区别仅在于，这种手工行业根本无法由机器人取而代之。恰恰是在简单的服务工作中，通过技术的优化来提高利润率的做法遇到了天然的障碍，再加上，这个行业需要服务人员脸上挂着如春风般的微笑和告别时幽默风趣的话。早在20世纪60年代末，美国经济学家威廉·J. 鲍莫尔（William J. Baumol）[10] 就已经针对这一状况提出了一条服务业所特有的成本病态公式。[11]

由此观之，雇主和老板并非通过使用机器设备，而是只通过施加压力才能挣到更多的钱。在简单的服务业领域，上自对劳动速度进行规定的雇主和老板，下自楼梯爬得更快、更有耐力、年纪更轻和更身强力壮的打工仔，以及来自左邻右舍的同行，都有这种压

---

[9] 此类行业中就业数量增加的情况需谨慎对待，因为许多新的工作岗位是通过专门针对女性的临工化方式，即将现有的岗位进行拆分后产生的。参见迈尔-安胡亚:《"个体公司"的前身》，第604—609页。

[10] 威廉·J. 鲍莫尔（1922—2017），美国经济学家，著有《非均衡增长的宏观经济学》等专著。——译者注

[11] 鲍莫尔:《非均衡增长的宏观经济学》，第416—426页。

力，他们为了解雇的优惠条件和公司的对外形象，相互之间竞争角逐。这是简单的服务业工作人员平日无法排遣的一种压力。只有在年富力强、体壮如牛之时，人们才感到自己能够承受住这种压力，而当年岁增加、体力下降之时，恐惧感便随之而来。

时光飞逝，如白驹过隙。人们身体所能承受的快递、保洁、护理、操作和销售工作最长不过十年。之后，人们便逐渐落伍掉队，不得不为今后的出路和生计做各种打算。对此，人们应当了解，与昔日的"工业无产者"相比，新一代的"服务业无产者"具有更加女性化、多民族化以及素质和技能更加参差不齐的特点。清洁工、护工、餐饮业的服务人员多由妇女组成，她们来自不同的国家，并且作为原来的政府雇员、中小学教师或是大学毕业的翻译人员，拥有完全不同的、在德国常常得不到承认的毕业文凭。她们当中的许多人都是所谓游走于欧洲各国的移民，虽然大部分时间生活在德国，但却一如既往地觉得自己是摩尔多瓦人、保加利亚人或乌克兰人。不过，她们中的大部分都出生在德国，并且是制造业工人阶级的子孙后代。

除此之外，在这支就业大军中，不仅包括保安、运输工人和楼宇外墙清洁工中早年委身于加工业或建筑业、如今已年过四十的从业人员，同时还包含有移民背景或没有移民背景的年轻人，这批人因为没有毕业文凭或是文凭较低而不得不依附于简单服务业的"普通劳务市场"。[12]

这里不论男性或女性，压力和恐惧对他们来说如影随形。在经过国家法律规定的一轮提高小时工资之后，保洁公司干脆调低了某项保洁工作量的单位工作时间。诸如此类的"你有政策我有对策"的情况，屡见不鲜。有鉴于此，由于简单服务行业工会组织数量较少[13]，人们不得不以个人的名义出面反抗维权，而

---

[12] 丹尼尔·奥什做过统计，简单服务业员工中，62%为女性，而在地位相同的工厂企业中，男性员工比例为80%（参见奥什：《重新绘制阶级地图》，第88页）。

[13] 根据奥什的统计，在这部分就业者中，只有18%是工会会员，而在"简单的"生产型企业中，竟有39%的员工是工会成员（同上书，第168页）。

且，在劳动强度越大、身体越加疲劳的情况下，个人的抗争就显得越发困难。出于对受侮辱和被开除的担心与畏惧，人们不得不忍气吞声，继续承受报酬微薄和新工作量表中强行规定的更多工作量。

通常，规定的工作任务由项目负责人或领班以面无表情的方式布置给下属员工。毫无疑问，如何完成相关工作，则取决于员工个人的聪明智慧。就楼宇保洁而言，工作分为表面清洁、全面清洁和根据需要的特种清洁等几种重点类型。何谓表面清洁？怎样才叫全面洁净？什么时间需要清扫保洁？这些需要人们开动脑筋、用心盘算，如此才能完成任务，赚到钱。但是，假如遭到客户投诉，那么将面临被炒鱿鱼的危险。这时，起关键作用的与其说是对既成事实漫不经心地瞒天过海，不如说是相关责任人员对遭到投诉的马虎工作如何应对的方式、方法——当事人是否有反抗的能力？他能否让领班为自己说话？抑或立马甩手不干？不论何种情况，事件都会对其个人、其身体状况和心理承受能力产生影响。从这里，人们便能看出工于心计者和老于世故者、谨小慎微者,或是精疲力竭者以及身心受伤者之间的差别。敢不敢破釜沉舟、背水一战,乃是最终决定是否得以继续留用的关键。

在简单服务行业新兴无产阶级的生存环境中,人们心理恐惧的焦点是,如何能在与自己的上司、风华正茂的年轻人和老于世故的同事的博弈之中立于不败之地;如何能给自己多创造休息的机会和明哲保身、不当出头的椽子;人到中年时,如何拿到一份像样的离职金而离开公司;以及,如何应对好自己精疲力竭的身体状况。

通常而言,这些问题在包裹快件和低价零售业,以及美发连锁和安保服务行业中,并无多少差别,尽管在这些行业之间,人们对哪个行业的日子更好过,完全有自己的看法和概念。上述这些工作总体上并没有能让人们有理由对自己所做的产品感到骄傲,或是对所做出的成就感到慰藉。对他们来说,大多数情况下,客户始终是一个无须知道的名字,服务工作也始终不留下任何痕迹。唯有在护理行业中,对他人的照顾会给护理人员一种个人的心理满足感。然而，人与人之间的依赖关系却造成了另一种形式的心理负担，而这种负担在医生或律师行业却要求人们保持一种职业距离。这时，人们就会产生一种担忧心理，即不能划清与服务对象之间的界限，无法摆脱与其的关系，或是在自身道德伦理的参照系中，自己变成了一个"非人"。

所有这些为保障高产值经济行业提供外围条件的工作，日复一日地走向了使人精疲力竭的边缘，这是因为，对人施加的压力乃是优化劳动和提高工作效率的唯一可能性。这个情况给为了得到他人的认可而进行拼搏奋斗的行业背景赋予了一种古已有之的特点，即仰主人鼻息的看家犬与身处"奴隶地位"的员工之间的一场搏斗。在简单服务业中，各种各样的以人员占主要地位形式的复归，让恐惧变成了人们日常生活中谋求生存的前提和条件。在对人的劳动力（由于外来移民身份，或是由于素质较差而别无选择）进行直接和赤裸裸剥削的条件下，恐惧成了人们自我闯荡生

第六章　社会下层日常的拼搏奋斗

存活动的主要动力。

仅在个别情况下，人们按捺不住心中的怒气，终于爆发了出来。这时，他们会用拖地布擦洗某个老板的咖啡杯，他们会在给客房送情侣早餐时往面包里夹三文鱼吐秽物，他们会将包裹快件丢弃在施普雷河（Spree）[14]，或者干脆旷工在家不去上班。在发泄心中的积怨和愤懑时，他们会感到畅快淋漓、如释重负，但就生活而言，这种情绪发泄却于事无补，毫无裨益。

---

[14] 施普雷河是流经德国首都柏林的一条河流，全长 403 公里，最后注入德国的北海。——译者注

第七章
支离破碎的自我

第七章 支离破碎的自我

恐惧使人身心疲惫，心力交瘁。就本质而言，恐惧是人们在感知某种危险时的自然反应，其中包括针对可能出现的对自己的伤害，或是针对降低自己生存发展可能性的一种趋利避害的条件反射。这种恐惧反应通常十分消耗精力，因为人们在选择逃避现实或是进行抗争时需要下定决心，打定主意。

当人们隐约感觉好像有人躲藏在房门背后，或是因为工作失误被上司约谈，抑或是半夜时分突然醒来对自己的生活目标感到恍惚茫然，这时，人们不禁神情紧张，浑身虚汗。这种好似空穴来风的对眼前一片空虚的恐惧，乃是受外界因素影响性格的一种基本矛盾心理。这种受外界因素影响的性格不仅被他人的各种期望所牵制左右，而且对他人的要求也同样心存畏惧，战战兢兢。然而，这里问题的难点在于对这种受外界事物的影响敢于说"不"的行动之中，因为敢于说"不"的前提，是人们赞成自己想要得到的某种事物，并对之表示认同。但是，我怎样才能知道自己想得到什么，什么事物对我来说是重要的呢？当对此不能形成定论之时，比起一意孤行地抱定自己设定的计划和目标不放，保证自己在适应外界环境的过程中游刃有余的灵活性，在今天看来更为重要。然而，恐惧感的另一个层面，即担心冒犯他人的意愿和错失进取的时机，则是一种违背自己意愿的恐惧心理。

从心理治疗研究的角度来看，有人认为这是心理障碍临床表象的一种嬗变，即从刺激神经的各种矛盾转变成了精神抑郁的不同病态。[1] 能够反映当前社会典型矛盾的，并不是个人愿望的实现遭遇外部界限的那个自我，而是由于形形色色及相互矛盾的要求和愿望而感到不堪重负的那个自我。这个自我不仅对确立自身的人生目标和能力界限感到勉为其难、力不从心，

---

[1] 相关文献搜集在伊丽莎白·祖默所著的《社会让人罹患抑郁症了吗？》一书中。

第七章 支离破碎的自我

而且还受到各种针对自己的人际关系处理、生活享受、谈情说爱,甚至是受到针对生活能力本身的、逐渐吞噬精力的猜忌和怀疑所左右。

时下,社会上存在着大量以我们这种社会类型中受外部因素控制人群的数量不断增加后的心理影响为研究对象的学术成果。[2] 这些研究结果将一个充满占有欲的人如何嬗变为多愁善感的人的过程,描述成了一个生存性质问题的变化过程,即从"我允许做什么"嬗变成了"我能够做什么"的问题。[3] 这个立下雄心壮志、想把整个世界踩在脚下的自我,四处碰壁,遇到了"麻烦重重的社会现实"[4]:社会上僵化死板的角色分配、道貌岸然的价值观念和各种美其名曰的防护围墙等,这一切均妨碍和阻塞了自我的发展之路。刺

---

[2] 理查德·森内特:《公众生活的衰落和终结》《权威》,或《随机应变的人》;拉施:《自我陶醉的时代》;安东尼·吉登斯:《两性关系的演变》;埃伦贝格:《心力交瘁的自我》《社会中的别扭感》。

[3] 埃伦贝格:《社会中的别扭感》,第17页。

[4] 拉尔夫·达伦多夫在其关于社会学的角色理论分析总结中提出的一种说法,见《社会人》,第20页。

激自我神经的冲突焦点,是自我亲身体验到了社会现实中的各种限制、拒绝和障碍。[5] 然而,在自我实现过程中追求他人的反应和认可的多愁善感的自我,从一开始就活动在"现实的社会结构"[6]之中。只有经过他人的首肯和认可这种迂回曲折的方式,自我才能得到针对自己的概念和认识。这一点他心里非常明白。缘此,周围环境中的人不仅是自我得以认识自己的支撑点,同时也是一种对自我的各种潜在发展可能的威胁。于是,诸如"窒息""纠缠"或"吞噬"等流行词语,即是用来比喻与之相关的、对造成精神抑郁的社会矛盾有切身感受的典型语言。

从"允许做什么"的束缚和限制到"能够做什么"的鼓励和提倡的转变,涉及社会生活的诸多核心概念。比如在学校里,对所有接受教育的学生不再采用一刀切和不再按照常规标准用分数进行评判,而是根据每

---

[5] 舒尔茨－亨克:《被阻碍的人》。
[6] 贝格尔、卢克曼:《现实的社会结构》。

第七章 支离破碎的自我

个学生的天分才华和兴趣爱好对其进行鼓励和培养，从而使他完全掌握和具备各种专长与能力。但是，从另一个角度来说，这种培养学生的方式必然产生另一种结果，即由此种方式加以社会化的自我或许只会依赖于其自身及其本身的各种能力，而不再会去依赖外部环境所设立的种种规范和标准。以采取压制和予以禁止为特征的所谓"消极"教育方式，被宽松自由和鼓励发展的"积极"教育方式所取代。社会的规范标准观念不再严重阻碍个人的自我发展，而是变成了有责任和义务鼓励人的自我成长和发展。

缘此，企业的人才评估部门均非常重视本企业员工的未来发展潜力。不过，"个人潜力"一词在这里很难进行准确定义，它所表达的含义是，企业不再为某些特定的阶段招聘员工，而是为各种不同的项目引进某种工作能力。在为客户特殊需求进行定制生产的"灵活的专业化"领域，企业不需要那些只会等待上级命令和下班即关掉电脑和机器回家的员工，它们更需要的是努力工作和有自我责任感的骨干人才。这些

焦虑的社会：德国当代的恐惧症

人下班之后还在为手中的各种项目寻找方案，并且设身处地地为全球客户考虑他们的需求和愿望。

在开放式的工厂中，工作方式根据客户订单情况被不断重新定义。这里，已经没有了生产制造、提供服务和开发产品之间的区别。单个员工必须具备与客户、设备、同事、型号和材料打交道的能力。沟通交流能力、团结协作精神和系统化的意识，在价值密集型行业中起着决定性的作用。这里，个人的小算盘、工具化的劳动观念和本位主义思想等均无立足之地，上班工作与交流互动已经融为一体，密不可分。

诚然，对当前现代社会的绝大部分人群来说，不单是上班工作，而且家庭生活和业余活动，即整个生活本身，似乎均处在优化过程的压力之下。受过高等教育的年轻女性希望把要求很高的职业工作与温暖的家庭生活结合起来；血气方刚的新潮男士不愿意像孤狼一样默默无闻、得过且过；人们不想为了工作而生活，也不想为了生活而工作，而是在工作中有尽可能多的生活，在生活中有尽可能必要的工作。人们为了

第七章 支离破碎的自我

家庭纽带、两性关系、穿着打扮、职业挑战、吸引异性的仪表和身体健康,煞费苦心,细致安排。破除界限、自我实现、灵活机动和富于创造力,代表了一种受到外界因素强烈影响的生活方式,其间,人们血脉贲张的激情,转瞬之间又变成了种种空虚茫然的感觉。生儿育女成了人生的梦魇,夫妻关系在终日不停的忙碌中经受煎熬,团队会议只能在睡眼惺忪的状态下勉强应付,汇报工作时又再度感到压力山大,胸闷气短。

在各个方向和层面上将自身能力调动起来——这一举动被突然出现的关于意志和愿望的问题又拉回到了活生生的现实当中。所有这一切究竟为了什么?当情况扑朔迷离时,什么才是问题的要点?我的生活究竟需要什么?凡此种种,都是围绕着自我本身的内心恐惧问题,这些问题最终可能使人身心交瘁,精疲力竭。

人们似乎感觉自己受到他人的煽动、驱使和攻击,所有的一切均使人感到麻木、乏力和兴致索然。清晨睁眼醒来,依然四肢倦懒,似乎一夜未合眼一般。昏昏然中煮着咖啡和打开电脑的那个自我,不仅没有能力对折磨自己的内心倾向进行抗争和对一切表示质疑，而且也没有能力无时无刻地对出路究竟在哪里进行思考，同时也无法对工作或家庭截然分开的关系表示不满。苍天在上，为什么这一切总是不能尽如人愿呢？

显而易见，自某个特定时间起，对得不到某些想要得到事物的担心，演变成了对"一着不慎，满盘皆输"的忧虑。对尽善尽美的疯狂追逐仅仅是掩盖了生存的窘态而已。人们确立优先目标的自我忠告忽略了如下的事实，即他们也同样必须去感受其他人心目中的优先目标。对此，首当其冲者也许是出生于衣食无忧家庭以及出生率和就业岗位比例十分有利的时代的这一辈人。相对于高生育率年代出生的人群（他们的父母即属于那个年代），他们所处年代的形势要有利得多。这里所指的是"80后""90后"和"00后"出生的、如今是25岁至35岁的这一代人，社会对他们的评价是，既势力又敏感，自命不凡，对他人的关注、提携和褒奖不仅非常在意，并且对物质主义的安全价值观以及后物质主义的自我发展思想情有独钟。[7] 这些互为矛盾的思想倾向一方面可以解释为一种受到自我意识、客观冷静和开放包容影响的世界观的证据，另一方面也可以解释为一种人生观的具体表现，即不愿意做任何放弃，因而试图将所有事物皆据为己有。

工作与生活之间的平衡，对这代年轻人来说是一个具有核心意义的话题，因为此话题不仅涉及性别关系和职场工作，同时还涉及家庭生活幸福的概念问题。由于年轻女性不再愿意考虑在职业成就和家庭幸福之间做出艰难的选择，所以，上班工作、照顾孩子、感情支撑和家务分工等，均必须在男女双方之间明确规定下来。对男方和女方来说，付出辛苦的概念不单单局限于职业生涯，而且也包括共同协商好的作为生活基础的日常生活。为此，某种程度的物质保障和舒

---

[7] 采访托马斯·西基：《"80后""90后"和"00后"改变了公司的面貌》，见载于2012年8月9日的"明镜在线"，胡勒尔曼：《年轻一代的生活状况》，第14—24页；帕门特：《"80后""90后"和"00后"的新生代人》。

适生活，以及运转良好的公共基础设施就被视为不可或缺的前提条件。尽管如此，生活的幸福不再仅仅以职务的升迁或是以一般中产阶级典型的地位象征为圭臬。人们不想在排队等候社会地位上升的过程中白白浪费人生的时光。朋友之情占据了首要的地位，一个悠闲自在的、没有让人心烦的外国人打搅、没有生态污染的居住环境，备受青睐，一份具有挑战性的和令人满意的工作被视为必不可少的生活条件。[8] 即便是互联网和环球旅行的经历，也不能对这种近乎田园般的理想世界有些许的改变。由于现实社会中不存在现成的、恰到好处的关于人们所要求的生活方式的模式和样板，而且，自我也无法退居到首要的或是基本的

---

[8] 受瑞士信贷银行的委托，伯尔尼大学政治学系的马库斯·弗赖塔格在16岁至25岁的年轻人中，做了一次国际性的（美国、巴西、新加坡和瑞士四国参加）问卷调查，这里是他的调查总结。参见2013年第四期《学报》，第29—51页。调查结果显示，这代年轻人虽然明确反对仇外情绪和民族优越感，但是，他们在自己周围环境中愿意承受各种干扰和影响的热情在下降。在这个年龄段的人群中，不仅有表示同意对作为破坏财产行为的涂鸦追究责任，以及同意安装监控摄像以查明不速之客身份的人，而且对诸如同情和宽容等价值观表示认同的人，也大有人在。

第七章 支离破碎的自我

人生成就范畴中去,因此,生活从总体上说似乎就成了人们的自我辛勤劳动的成果体现。

然而,体现在"发展""增长"和"变革"这些词语中的、过度包含着人道主义精神的语言,为人们提供了各式各样彰显开放、包罗万象和丰富多彩生活进程的模式。[9] 根据这些模式来判断人们的生活是否达到目的,并不是依据某项一开始就已确立的法律,或是依据最终要实现的目标的标准尺度,而是依照人们在社会地位和个人经历因素基础上所可能达到的丰富程度。这种可能的丰富程度如何在个人的人生旅途中变为现实,决定于人们在放弃、不屑一顾、耽误和错失人生机会的过程中所采取的不同方式。[10]

当人们耽误和错失机会时,未达目的的情况立刻一目了然。错失的机会稍纵即逝,无可挽回。我们的自我错失良机,因而只能希望同样的机会今后还会再次出

---

[9] 马丁·布德:《关于自我决策的问题》,第84—111页。
[10] 此处采用与维克托·冯·魏茨泽克相近的观点,参见阿尔伯特·察赫尔:《病患的历史与"未遂行的生活"》,第51—57页。

现。这种情形不但常见于生意场上或是对更好职位的竞争中，而且也见于早上的一次用词不当的见面问候，或是下午的一次不期而至的艳遇中。对自我人生成功的信念越强烈，错失良机的痛苦就越发刻骨铭心。

反之，被耽误的机会无论怎样总可以补救回来（当然前提是要交些学费）。一个被耽误的机会，有时会给人带来第二次机会。但是，人们以往所耽误的事情往往给当前的现状造成了压力。这时，自我被这样一种想法所缠绕——被耽误的机会并不是可有可无的机会，而是人生当中一次决定性的机会。于是，人们所有的行动和努力皆指向一个目标——要把过去耽误的东西弥补回来。若此，他们就可能失去对当前出现的新机会的关注。由于割舍不下已经逝去的东西，人们的自我束缚了自己的手脚。

倘若说机会的错失和耽误是在被动的情况下发生的事情，那么，放弃和不屑一顾就是一种有意识做出的决定。放弃的含义是自我不做某件事情（尽管有一定难度），而是去做另一件事情。多数情况下，这类

第七章 支离破碎的自我

情形司空见惯。通常，人们在多种可能性中进行一次选择，目的是为了能够采取下一步的行动。而不屑一顾则不然，当此之时，人们似乎是要把缺乏魅力和不切合的可能性剔除出去，以便更加明确地采取自己的行动。但是，放弃和不屑一顾是否恰当正确，对此当然不会有任何担保。事后的结果有可能证明，人们做了错误的选择，放弃了正确的东西。这里，再次借用克尔凯郭尔的一句话——"现实生活的每一个重要决定都是一次冒险，这种冒险在事发之前被人们亲身经历，事发之后人们方才明白个中的道理。"于是，导致一个未能达到目标的人生履历的真正原因或许在于，人们的自我想要避开做决定的风险，即对此事说"是"，或对彼事说"不"。尽管犹豫和迟疑可能是聪明和合乎人性之举[11]，但是，正如本杰明·库克尔

---

[11] 福格尔:《犹豫不决面面观》。作者在此书中从各个方面探讨了人们针对现实中存在的事物所持的根本保留态度。

(Benjamin Kunkel)[12]小说中28岁的主人翁所深信的那样[13],犹豫不决是长生不老的替代物,举棋不定者的恐惧或许就是我们这个时代的恐惧,它为生活下了这样一个定义:如同在医院的候诊室里一样,人们的两眼紧盯着电子显示屏,等待着扬声器中传出那关键性的叫号声。

---

[12] 本杰明·库克尔,1972年生于美国,美国小说家和《n+1》杂志主编之一,著有小说《举棋不定者》。——译者注
[13] 本杰明·库克尔:《举棋不定者》。此外,库克尔属于被认为是时代精神机关刊物的美国《n+1》杂志最早的撰稿人。参见库克尔、格森主编:《向前迈进一步》。

第八章
见不到人的统治

第八章 见不到人的统治

对可能出现的社会地位下降、利益损失或是生存危机的预感，使人心生恐惧，忐忑不安。但是，对铺天盖地、充斥一切或是超越法度的事物的感知，也同样使人不寒而栗，如履薄冰。当你与相关人群对比，发现自己在众人皆垂涎欲滴的事物中获取甚少，这时，你的担心和恐慌就会让你心生不平，怒气难消；当必不可少和数量有限的事物失去均衡与尺度，这时，你也会感到惊慌失措，坐立不安。一方面，个人对于财富遭到剥夺和社会地位被迫下降感到惶恐无助；另一方面，个人又对整体的局势崩溃和价值偏移感到方寸大乱。二者互为感应，并立而存。

我们很快发现，一旦两种情况同时发生，社会的关系就可能激化升级，倘若人们对保住自己在某个体系中地位的担心，与对整个公平合理地位体系崩溃的忧虑同时出现的话。对此，社会学学者的表述方式是，当人们在特权和风险分配问题上对未曾认识的矛盾性的多重经验,与他们对劳动付出和成果回报衡量尺度的不正常现象的普遍感受呈混合状态时,一种社会体系就陷入了岌岌可危的境地。

当前,世界上有两种事物——老百姓手中的货币和关于个人的数据信息——似乎有数量过多之嫌。这里所说的"当前",一方面指的是2008年全球经济和金融危机之后以及与之相关联的、不单单于2011年发生在欧洲的政府债务危机时期,另一方面指的是发生在与系统相关的搜索引擎和国家秘密情报部门之间有配合协作关系的、针对互联网任意用户的窃取信息行为被曝光的时代。从此以后,就资本主义和互联网的合法性而言,一切均已今非昔比,时过境迁。

早在爱德华·斯诺登(Edward Snowden)[1]于

---

[1] 爱德华·斯诺登,1983年6月21日出生于美国,曾任美国中央情报局雇员和美国国家安全局网络维护技术员。他于2013年6月在香港将美国国家安全局关于"棱镜计划"监听项目的秘密文件透露给了英国《卫报》和美国《华盛顿邮报》,遭到美国和英国的通缉。之后,他于6月23日离开香港,前往莫斯科,在俄罗斯申请避难成功。2014年8月,他获得俄罗斯的三年居留许可。2017年1月,他的居留许可被延长至2020年。——译者注

第八章 见不到人的统治

2013年6月5日通过英国《卫报》首次向世界公众曝光了美国国家安全局（NSA）针对整个互联网的监控活动之前，美国著名的民调机构——"哈里斯民意调查"曾在2012年调查发现，仅有8%的受访者认为Facebook、Twitter或YouTube这样的社交媒体平台是诚实和信得过的企业。[2] 根据联合国的估测，当前约有40%的世界人口在使用互联网，他们当中越来越多的人通过社交网络进行联络交流，不过，只有大概10%的人对向他们提供交流平台的服务商表示信任。然而，这些免费的服务终究不会让你无偿使用。对此，每一个在网上查阅翻越安第斯山脉[3]的线路，或是为自家越野车搜寻雪地轮胎资讯的用户都会发现，第二天一早，便收到了来自广告商的广告信息。这些广告

---

[2] 访问以下网址 www.harrisinteractive.com/Vault/2012_Harris_Poll_RQ_Summary_Report.pdf[5.5.2014]，可查阅相关民调结果："The 2012 Annual RQ Public Summary Report: A Survey of the U.S. General Public Using the Reputation Quotient"。

[3] 安第斯山脉（Andes）位于南美洲西岸，由北至南全长约9000公里，是世界上最长的山脉。——译者注

商要么是专做尼泊尔旅游观光生意的旅行社,要么是经营昂贵的名牌机械手表的钟表商。那么,这些商家怎么会知道某用户的确对尼泊尔颇感兴趣,并准备购买一块价格不菲的手表呢?难道说受某个奢侈品商家的委托,某用户已出现在所谓"情感目标"[4]的瞄准镜中,这个瞄准镜已将该用户锁定为优先考虑的消费对象了吗?

最晚自爱德华·斯诺登的公开揭露以来,人们才终于知道,借助和通过互联网不仅在进行着规模巨大的数据交易,而且人们还了解到,涉及个人的、通过 IP 地址可以追溯到源头的各种数据被转交给了政府情报部门,并在那里被集中搜集,与互联网中涉及联系人圈子的其他元数据进行比照,以及对可疑的蛛丝马迹进行分析研究。作为财大气粗、经费充足的雇主,

---

[4] "情感目标"(emotional targeting),或译"情感定位",是指营销人员在互联网上使用强大的情感触发器与目标市场或对象进行沟通。它通常具有两层作用:一是了解目标对象的情感触发因素,二是有针对性地从公司网站中向目标对象发送产品信息。——译者注

第八章 见不到人的统治

美国国家安全局所雇用的数学专家的工作任务，就是破解互联网交流平台上人们可能使用的各种密码。但是，与当年"二战"期间的旷世奇才艾伦·图灵（Alan Turing）[5]领受英王使命，在距离伦敦西北70公里的布莱切利庄园成功破解德国人自认为绝对安全的恩尼格玛密码系统的壮举不同，如今加密和解密的竞赛已经不是在交战的敌对国家之间进行，而是在一个想要保证自己不受伤害的国家政权与一个易受伤害和想要维护自己的信息和隐私权的个人之间进行。人们对各种非请自到的网络广告的厌恶和不快，演变成了对所谓的"老大哥"节目[6]的恐惧，这个"老大哥"时刻记录着手提电脑中发出的关于个人的所有信息。缘此，人们还能让自己继续通过电子邮件、聊天室、

---

[5] 艾伦·图灵（1912—1954），英国数学家和逻辑学家，被称为计算机科学之父和人工智能之父，其重大贡献在文中已提及。——译者注

[6] "老大哥"是1999年起源于荷兰、之后红遍全球的一台真人秀节目，英文名为 Big Brother，内容是让一群名为"室友"的陌生人住在一间房间里，用布满室内的摄像头记录他们的一举一动，并经粗略剪辑后在电视台播出。——译者注

WhatsApp、Xing等网络平台表达自己的想法和发布消息，而不必担心半夜三更有人来敲家门吗？[7]

然而，可以料想的是，某些私营的搜索引擎要比任何一个政府的谍报机关对用户的情况更加了如指掌，不论这些谍报机关设在美国也好，还是建在英国也罢。Google即是美国国家安全局效仿的榜样。知道和掌握一切——这个任务只有通过一部始终不停地学习如何去探秘了解一切的机器才能完成。

诚然，Google并不强迫任何人去做任何事，但是，一旦我们在某种情况下使用了那些得心应手的数码功能，比如慢跑（测量跑步的速度或身体热量的消耗）、拍照（调整照片的景物或是修改色彩）、开车（优化油耗或是磨损报警）、旅行咨询、操作网银，抑或是查询博物馆的开放时间、发送推特、写邮件和短信、

---

[7] 美国经济学家肖莎娜·祖波夫在《总统先生，我们正面临深渊》一书中使用过此比喻，她于1988年发表了具有方向指导意义的著作《智能机器时代》，此书论述了信息技术是如何改变我们工作方式的问题。

第八章 见不到人的统治

网上购物、访问维基百科、查找某个"流行词"的出处等，这时，Google便无处不在。Google对访问网页、传感器频率或信息传达等活动均予以系统记录，这些记录都在网络机器的数据库里加以储存、整理和等待调用。因此，从各种不同的数据源中产生了数量巨大的数据信息。根据不同的需要，人们从这些数据信息中进一步抽出特殊的数据组合，然后拿到数据市场进行贩卖。时下，一家被用来制作网页、无疑同样也是私营的浏览器经营商，已经粉墨登场，它正在用自己发现的结果大做广告，招揽顾客："您将看到，是谁在网络中对您进行监视。您将认清那些搜集您网上活动数据信息的第三方网站的庐山真面目。"[8]

倘若人们根据这些数据痕迹顺藤摸瓜，能够查找到我本人的话，那么，我就可能会被视作具有某种典型活动特征、消费选择、口味喜好、鉴赏倾向和拒绝

---

[8] 此处涉及的浏览器是"Mozilla Firefox"，该浏览器于2014年2月用广告语"行善是我们的根本"来招揽顾客。

情绪的个体范例。这样，依靠认知心理学、决策理论、框架概念和情绪格栅的帮助，Google 的数学分析就能够为不同的客户裁剪出他们所需要的大数据。例如，想针对目标群体为昂贵和耐用奢侈品或是廉价消费品做广告宣传的大商家，想为儿童提供动画游戏或是为成人提供程序游戏的娱乐产品制造商，想寻找价格分类标准和预防保健计划切入点的医疗保险公司，想开发神经技术植入物或是神经形态计算器产品的神经科学家，以及想在茫茫人海的个别群体和个人中查明可疑动向和思想苗头的秘密情报机构等，不一而足。

  这里，令人不寒而栗的情况与其说是日复一日新产生的海量数据，毋宁说是当下所存在的、似乎能将这些海量数据永远保存和可供永久调用的计算机容量。信息垃圾并没有像在以往时代许多专制政权的秘密情报机关那里一样自行分解消亡[9]，而是作为可供

---

[9] 这里，我们仅例举东德秘密情报部门非常奇怪的证据档案馆，那里存放着已经粘在一起的录音带和瓶盖已被打开的气味标本瓶等。

第八章 见不到人的统治

后世那些头脑精明的调查和研究人员查找的信息资料永远存在。在遍布全球的云储存系统中,我一时心血来潮传送到网络的东西根本不会销声匿迹,这个事实——用海德格尔(Heidegger)[10]的话来说——足以让一个从一开始就朝着死亡方向奔跑的个体存在的心中充满了恐惧和不安。在一个由Google所控制的网络系统中,没有什么事物能够逃出这张天罗地网。想到此,人们不禁毛骨悚然,出一身冷汗。对于具有历史特性的人类来说,回忆是以忘却为基础的。谁不能将事物抛于身后,谁就会深陷其中,不能自拔。认知心理学告诉我们,学习是建立在生疏和忘却基础上的,因此,只要我们对待事物能够拿得起放得下,我们才能变得更加聪明、睿智。

当此之时,我们似乎没有任何进行选择的机会和余地。归根到底,数据资料是我们自己心甘情愿拱手

---

[10] 马丁·海德格尔(1889—1976),存在主义哲学的开山鼻祖,被誉为20世纪最重要的哲学家之一。他在现象学、存在主义、结构主义、诠释学、后现代主义等方面产生过举足轻重的影响。——译者注

相送的。如今，这些数据资料又以形形色色的"目标"算法形式虎视眈眈地要控制我们。假如我们不论走到哪里，iPad 都不离身，或是在一座陌生城市晨练时使用 GPS 系统，抑或是家里安装了数码有线电视，那么我们就已经落在了无处不在的陷阱之中。诚然，所有这一切我们并非必须为之，但若是弃而不用，我们将付出高昂的代价。早在 1990 年，吉尔·德勒兹（Gilles Deleuze）[11] 就已经预见到了这些"公开环境下的控制形式"[12]。这位撰写了《千座高原》[13] 一书的思想家所关心的是，要弄清技术基础设施表面的开放性与愈演愈烈的对个人和个人隐私的控制之间的相互关系。对于德勒兹来说，网络就是控制型社会的代名词。这个控制型社会的运转模式已经不再像经典的纪律型社会那样通过管束和封闭，而是通过不断开放和直接交流

---

[11] 吉尔·德勒兹（1925—1995），法国哲学家，后现代主义的主要代表人物之一。——译者注
[12] 德勒兹：《控制和变化》，第 251 页。
[13] 德勒兹、伽塔利：《千座高原》。

第八章 见不到人的统治

的方式。所有的一切均是人与人之间的联络交流，无人可以逃出这个巨神的魔掌。"人们不可能不进行交流"[14]——保罗·瓦兹拉威克（Paul Watzlawick）[15]的这句名言振聋发聩，一语中的。因此，正如德勒兹所认为的那样，存在于 Google 数学分析系统中的、不放过人们联络交流任何蛛丝马迹的搜索系统，让我们谈虎色变，望而生畏。

因此，人们今天对"硅谷资本主义"的批判绝非空穴来风，而是事出有因，言之成理。硅谷资本主义的目的是让我们疲于奔命，因为日常生活的任何领域统统要被变成商业的、符号的、社会的或经济的资本。批判的背后隐藏着人们的一种恐惧心理，即在涉及所有领域的发展和不断增加的潜在可能性的激流漩涡中窒息而亡。为了捍卫自己的隐私权，人们能做些什么呢？我怎样才能从自己参与的互联网中摆脱出来？拒

---

[14] 瓦兹拉威克、比文、杰克逊：《人际交流》。
[15] 保罗·瓦兹拉威克（1921—2007），出生于奥地利的美籍心理学家、社会学家和哲学家，传播领域的领军人物。——译者注

绝上网是否等于对自己说"不"呢？[16]

当前，这种恐惧心理所造成的对网络系统的憎恨也波及了自认为与抗拒和憎恨毫不相干的几代人群。缘此，在一本与之相关的、名为《为什么可以对硅谷表示憎恨》的著述中，作者以一种万般无奈的语气写道，以数字化形式对社会进行控制的"无形铁丝网"甚至对建立这道铁丝网的人来说也是看不见摸不着的。但是，有人却想当然地认为，网络用户可以通过相应的软件工具来洞悉和参透网络的内幕。"这正是'数码争论'将人们引入歧途的误解和谬论。这场争论很善于用软件工具问题做文章，但却在面对因为这些软件工具而得到增强或削弱、扩大和满足的社会、政治和经济体系时，根本不具备讨论问题的能力。若是我们将这些体系重新作为问题的重点来讨论，那么，这种关于软件工具问题'数字化内容'的言论就是空

---

[16] 乌尔斯·施特赫里认为，"上网者失去的是斩断与外界联系的能力，即能够经受住各种不成功的联系，甚至努力追求和享受无联系的状态。"参见施特赫里：《断网吧！不上网的实践和美学》，第4页。

第八章 见不到人的统治

洞无物的夸夸其谈，因为它于事无补，解释不了任何问题。"[17]

另一个如今悄然无声且一如既往地给我们造成恐惧感的是，铺天盖地滥印滥发的货币钞票。有多少货币在市场流通？大量货币流通的背后用意是什么？这些问题都已超出了我们正常的对经济运行的想象力。起初有人曾说，为数巨大的、被呆账坏账所困扰的海量货币使我们陷入了危机之中；现在又有人要我们相信，由各国央行准备停当的海量货币将带领我们走出危机。

根据美国经济学家理查德·邓肯（Richard Duncan）[18]的研究结果，2000年全球的货币总量比30年前[19]（其时，世界还是天下两分的时代，美国是西方毫无争议的领袖国家）增加了2000%。在20世纪

---

[17] 该读物的作者叶甫根尼·莫洛佐夫于1984年出生在白俄罗斯，现旅居美国。他为《法兰克福汇报》撰写过专栏文章《硅谷》；引文出自《为什么可以对硅谷表示憎恨》，第49—50页。

[18] 理查德·邓肯，1960年生于美国，美国经济学家。——译者注

[19] 理查德·邓肯：《一场新的世界经济危机？》，第58—59页。

焦虑的社会：德国当代的恐惧症

最后的三分之一时间中，单是美国发行的货币数量（倘若除了现钞和银行划汇存款之外，把相当于存款的资本也加在一起的话，亦即按购买力平价计算），从3150亿美元增加到了将近20000亿美元。[20] 然而，这一巨大的数量根本无法得到经济产值（通常表述为国民生产总值）的支撑。总体而言，经济合作与发展组织成员国中，货币流通量与实际国民生产总值之间的比例，由1970年的68%上升到2006年的109%。换句话说，货物和服务数量的持续增加根本无法同货币数量的爆炸性增长保持一致。但凡希望社会关系健康发展、蒸蒸日上的人们，均会提出这样的问题：可以摸得到、感觉到的货物和服务的生产，与单纯的货币制造之间的错位和不协调，究竟从何而来，这种状况还能持续多久？

或许，2008年那场最终由一家投资银行引发的货币崩溃甚至是十分必要之举。随着雷曼兄弟银行的倒

---

[20] 波斯特贝格：《权力和金钱》，第135页。

第八章 见不到人的统治

闭,人们迅速认识到,整个货币管理和货币印发体系绝非儿戏,必须认真加以对待。全球银行的财务数据中,突然出现了无法得到物质财富支持的巨额数字。在 2008 年 9 月的短短几天中,不可思议的巨大货币量在全球金融市场中被"瞬间蒸发",其数量之巨,约达 20000 亿美元至 70000 亿美元。[21]

形同网络一般的整个国际货币供应体系内部面临崩溃的危险,迫使各国政府出面进行紧急救援。这些国家的领导人无论如何也要阻止 20 世纪 20 年代末的"大萧条"及其众所周知的社会后果的再度发生。人们还记得,各国的中央银行此时纷纷统一行动起来,对已经失去自救能力的金融市场进行迄今为止史无前例的干预。其时,巴拉克·奥巴马刚当选为美国新任总统,尚未正式宣誓就职。2008 年 9 月 15 日星期一,雷曼兄弟银行宣布破产,随之在星期二,作为世界第二大保险公司的美国国际集团(AIG)被救助,其后,

---

[21] 赖夫纳:《金钱社会》,第 15 页及下几页。

焦虑的社会：德国当代的恐惧症

投资银行美林证券和华盛顿互助银行也相继被救助。普林斯顿大学经济学教授、20世纪30年代世界经济危机的著名研究专家本·伯南克（Ben Nernanke）[22]领导的美联储银行大量购买政府和抵押债券，从而间接成为印制海量货币的印钞机。美联储资产报表的总额从2008年8月8日的8690亿美元，上升到截至2014年初的40900万亿美元。由此，美国中央银行成为金融市场最大的投资商。这种有目的投资计划的后期阶段，美其名曰"量化宽松"，其间，为了达到长期降息的目的，美联储每月都要购买价值850亿美元的政府和抵押债券。自2013年12月以来，这项措施被逐步放缓，以求再度减少货币发行量，以及让市场慢慢适应更加符合实际情况的息率。此举必然要对国际金融市场的资金流动产生重大影响，然而，由于国际金融市场的资金流动所跟从的仍然是全球最重要的

---

[22] 本·伯南克，1953年出生于美国，美国经济学家，曾于2006年至2014年担任美国联邦储蓄委员会（简称"美联储"）主席。——译者注

第八章 见不到人的统治

贮备货币国家的货币政策,所以,新兴国家首当其冲,有苦难言。

在德国,随着 Hypo Real Estate 银行[23]的倒闭,危机接踵而至。此时,政府不得不先动用 300 亿欧元,后再度增加 500 亿欧元纳税人的钱,对该银行实施救助。2008 年 10 月 5 日,即这个星期日下午的早些时候,迫于形势,联邦总理安格拉·默克尔(Angela Merkel)[24]在财政部长佩尔·施泰因布吕克(Peer Steinbrück)[25]的陪同下,于星期一银行开门之前,在电视台发表讲话(显然预感到局势非常严峻),目的是向德国的银行储户们宣布保证其存款的安全。正如佩尔·施泰因布吕克事后承认的那样,这项大约 5680 亿欧元的全面担保措施是铤而走险之举,因为,此项

---

[23] 中文译为抵押不动产银行,以经营房地产贷款业务为主,总部设在德国慕尼黑。——译者注
[24] 安格拉·默克尔,1954 年出生于德国,基督教社会民主党人,2005 年议会大选获胜后出任德国总理,至 2018 年已连任四届联邦总理。——译者注
[25] 佩尔·施泰因布吕克,1947 年出生于德国,社会民主党人,2005 年至 2009 年在默克尔内阁任财政部长。——译者注

措施既没有法律上的依据,也没有政治上的合法手续。不过,此举之所以得以奏效,是因为在此千钧一发之际,人们的恐慌心理似乎要比信任问题具有更大的危险性。

从此以后,世界各国不仅出现了一种濒危之时不惜用巨款予以救助的所谓"事关国体安危的银行",而且还出现了各国政府不得不要求本国老百姓均必须服从的所谓"符合市场规律的民主制度"。欧洲央行甚至走得更远,它不仅对个别银行进行救助,而且对那些因大量使用欧元低息贷款、最后负债累累的国家施以援手。危难之时,欧洲央行还会无限制地购买欧元区国家在金融市场上因息率过低而无利可图的国债。"救助不惜一切代价"——这就是2012年7月26日伦敦欧盟金融峰会上,马里奥·德拉吉(Mario Draghi)[26]说出的、显然被金融市场的玩家们

---

[26] 马里奥·德拉吉,1947年出生在意大利罗马,意大利经济学家和银行家,自2011年起出任欧洲中央银行行长。——译者注

第八章 见不到人的统治

期待已久的豪言壮语。"请诸位相信,我的话说到这儿就足够了",这位欧洲央行行长随后又补充道。假如退一步来说,欧洲央行的这一战略也许就已经让人感到十分蹊跷。用打破限制来取代限制,长此以往能够行得通吗?

这个刚刚成为历史的金融政策和财政史上的著名传奇故事,不仅在显然远未克服的欧洲国家债务危机中依然继续存在,而且,它还给忧心忡忡的普通老百姓提出了这样一个问题:就钱而言,人们今天还能相信什么?钱代表的是什么?谁来保证它的价值?它如何被创造出来?它所起的作用是什么?凡此种种问题均来自人们的一种担忧,即目前的货币经济和金融体系是一种或许势在必行、但必定难以为继的风险分摊和债务转嫁的体系。

人们通常所理解的货币是一种早已被亚里士多德论述过、并且一如既往被正统经济学理论根本上赞同的货币观念,即货币既有为交换服务的功能,又有保存价值的作用。[27] 通过作为一种抽象的、可计数的和在财务账目上可列示的第三方媒介，货币超越了简单的以货易货的交易，并且体现了其所有者的辛劳所得。有了它，不仅其所有者能够购买到一切可以购买的东西，而且借助货币，贸易得以繁荣兴旺，经济活动的参与者才有了积极投身其中的动力。

然而，在脱离了货物和服务交易之后，货币量无限增加的意义究竟何在？而且，在对货币交易放松管制的年代，在巨大的财富利润背后，究竟隐藏着货币财富所有者哪些辛苦的付出呢？对于辛勤劳动和遵纪守法的人们来说，资本主义在今天已经变成了一台只会生产钞票的机器而已。这台机器使富人越来越富，穷人越来越穷。资本市场成为在其自身动力下运行的、主要由电脑控制的和全球联网的一个系统，这个系统的唯一法则就是，要让投资的金钱生出更多的钱。在

---

[27] 下文中关于货币实际用途的主要论点，得益于亚伦·萨尔尚未发表的、论述当前资本主义国家信贷资金作用的博士论文。

第八章 见不到人的统治

此过程中，必须生产、买卖和消费的货物媒介似乎退居到了次要地位。重要的首先是财务报表中的各种数字列项，这些数字列项以一种神秘莫测的方式从正变为负，又从负变为正。为此，金融市场上各种数字满天飞，各种投机活动层出不穷，银行的资金交易热闹非凡。这一切给玩家们带来了不可思议的机会，而这些机会的背后却隐藏着看不见的风险。

显而易见，这里所用的不仅仅是通过货物和服务的生产与销售环节挣来的钱，而且这些钱还可以通过某些金融工具和手段（借此进行债务的生产和买卖）无中生有地创造出来。钱被创造得越多，来自未使用的资金或是风险补偿投资组合剩余储备金的压力就越大。这时，这些储备金又再度被转化为债务，精明的金融市场玩家们可以自己或是通过他人对这些债务进行交易。其结果是，以钱生钱，循环往复，永无止境。

倘若这种滚雪球式的生财机制以及资本投资价值普遍崩溃的危险一旦出现，国家和其作为最后信贷机构的中央银行将施以援手。然而，只要参与者对自己的行为笃信不疑，那么，这个过程仍将继续下去，直到所遭受的损失引起一系列的连锁反应，并导致作为债务偿还多重承诺储备金的所有资本填补保险最终表明为一场骗人的把戏。至此，那些为了拿到让人眼花缭乱的证明文件、讲述着种种悦耳动听故事的显赫数字，不仅攫取了很高的贷款信誉，而且还囤积起了非同寻常的巨大财富。但是归根结底，天花乱坠的游说语言与数学计算的真凭实据，形同水火，互不相干。然而，欺诈行为往往都是事发过后的事实构成，而且并不总是事先预谋的故意行为。

对于经由大众媒体认识和了解金钱数量增加"特殊行为"的99%的普通老百姓来说，问题仅在于，把人的贪婪和欲望妖魔化，或是提出"重新回归起点"[28]这一革命和复古兼而有之的要求，即经济必须为人服务而不是人为经济服务，乃是没有看清资本主义货币经济的系统本质特点的隔靴搔痒的观点。

---

[28] 伯肯菲尔德：《资本主义病在何处》。

第八章 见不到人的统治

若是有人听从一位热情友善的理财专家的建议，将自己的积蓄投资到一家基金，或是，如果有人为了填补养老金的缺口购买了一家私营公司的养老保险，抑或，假如有人用分期付款方式购置了一台价格不菲的轿车，那么，他就参与到了一个由债权人和债务人构成的系统当中。甚至一本最平常的存折也莫不如此。一旦人们将自己很幸运继承而来的现金拿到银行，并在那里把一张张钞票存进户头，这时，钞票已经不翼而飞。众所周知，银行并不囤积私人储户的钞票，而是用它进行工作——将它交与一位具有信用度的债务人手中，为此，这位债务人做出承诺，要偿还加有利息的借款数额。存款者本人手中只留下带有数字的存款凭证，凭证的数字告诉存款人，在世界上的某个地方存在着自然人或法人，他们承诺，将带有可观利差的存款偿还给他。

如果一名企业高管因丢掉了自己的工作而不能偿还他购置的单体别墅贷款，或是一个国家因利率的突然上涨而不能在国际金融市场上偿还借贷，这

177

还不是一个非常严重的问题,只要可能出现的贷款损失有凭证记录和有财产担保。但是,倘若突然出现一系列此类贷款损失的情况,那么,即使有相关代理机构出具担保证明的、最好的贷款产品,也无力回天。因为,为贷款损失做担保的保险公司本身,也是借助建立在数学计算基础上的还贷承诺、给予借贷方信任的债权方的债务人。一个被系统中的观察家发现并确证,并且作为投机者对该发现进行一场投机活动的"黑色事件",可以让整个系统陷入瘫痪。"为了让一个特殊事件或是一个政策错误能够引起一场金融危机",一位如今被重新发现、提出关于资本主义货币经济根本金融稳定的理论家这样阐述道[29]:"整个金融体系必须具备如下特征,即一次个体的崩溃能够引起一连串的连锁反应。"

由此,这位理论家得出结论:在一个以自我增值为目的的金融体系中,货币作为交换媒介和储值手

---

[29] 明斯基:《金融市场不稳定假说》,第 44 页。

第八章　见不到人的统治

段的作用均未得到充分的定义。货币是债权人和债务人之间关系的体现，这种关系的基础是承诺而非其他。[30]只要市场的参与者（我们所有人皆是）对这一承诺表示信任，那么一切均相安无事。原则上，这种资金运转的过程可以永远进行下去。但是，一旦人群中有人高喊"国王没穿衣服啊"[31]，这时，一条深渊在前方骤然出现。与此同时，人们突然发现，之前所有的承诺都是忽悠人的鬼话，没有一个债务人可以值得信赖。于是，一种信任的体系顷刻之间就变成了一个恐惧的世界。

由大量不知其存放地及可供调用的数据，以及由大量被金融市场玩家不断创造出来的金钱所引起的恐惧，是一种对人们自己制造出来的、被一种体系所吞

---

[30] 这便是承袭熊彼特和凯恩斯学说的社会学货币理论的基本观点。引起这场争论的是杰弗里·英厄姆的著作《论货币社会学的发育不良》。

[31] 此语出自丹麦童话作家安徒生的童话《国王的新衣》。童话通过一个愚蠢的国王被骗子愚弄，穿上了一件看不见的新衣（实际上根本没穿任何衣服）举行游行庆祝的故事，揭露了国王的昏庸以及官场的阿谀奉承，赞扬了一个敢说真话的儿童天真淳朴的童心。——译者注

噬的恐惧。每一次的开机上网都会使我自己面临攻击和损害的危险，并且，银行账号上的每一笔账目往来记录，都是我缔结的带有以钱生钱目的的双边债权关系的金融关系。早就有人告诉我们，我们在互联网上的一举一动都被别人监视，尽管如此，我们还是不停地发送着自己的一封封邮件；我们对投机泡沫如何产生、股市危机如何爆发和资金往来如何中断，有过亲身经历，但是，一旦涉及我们那些或多或少的投资利息问题，我们又即刻奋不顾身，甘愿再去赴汤蹈火。由此可见，没有任何事物能够阻碍我们，没有人看来想要承担什么责任。

虽然人们可以通过对他人进行指责和对体系进行抗议来减少身处万丈深渊边缘的恐惧，但却无法让恐惧彻底消失。因为，这不是对我们进行欺骗、胁迫和统治的针对一个所谓"其他大人物"的恐惧，而是一种对我们自身受其误导和诱惑的各种可能性的恐惧。盘根错节的体系、循环往复的路径和信任增强的方法，将个体的我们捆绑到了一个失去了所有控制，并且因

第八章　见不到人的统治

为奇怪的违规行为而自我毁损的体系之中。在资本主义和互联网的作用与合法性危机之后蔓延开来的恐惧情绪，是一幅以参与者个人的反应、选择和决定为基础的自我调整系统的恐惧画面，即个人的参与其中并不是因为他人的强迫，而是通过刺激诱惑和违规越界的手段方式使然。这是社会上的一种担心无人管控这一过程的恐惧，因为所有人均投身其中，而且，所有人均希望自己能够从中捞到好处。对把一切规范尺度皆弃之如敝屣及铺天盖地而来的事物的恐惧，正是一种对所有人参与其中的见不到人的统治的恐惧。[32]

---

[32] 这一提法出自阿伦特的《人的境况》一书，她在"见不到人的统治"中洞见了当前顺应时代变化的一种形式。如同现代金融市场理论一样，阿伦特关注的是人群行为的默契性，这种默契无须事先商定，即可发挥它的作用。

第九章
情感的力量

第九章 情感的力量

倘若我们发现，我们给自己制造的恐惧，是一种面对外部世界的某种威胁时所感受到的内心恐惧，这时，我们该如何面对这种情况呢？对于这种内心感受，我们既无法通过解释说明加以消除，也无法通过商议讨论予以化解。担心已经取得的社会地位不能代代相传，或是担心再度发生的货币危机同样会在自己的国家带来个人的辛苦积蓄和养老保险荡然无存的后果，所有这一切让这种恐惧心理很难得到化解。虽然我们必须看到，人们的恐惧与他们的内心所求密切相关，但是，减少内心所求并不会必然缓解恐惧感。尽管我心里明白，现实生活的一切都是过眼烟云，但我总觉得应该有某些可以信赖的事物，这样心里才会感到比较踏实。

现代社会中，恐惧的表现有一种奇特的矛盾现象。就个人而言，我们特别要注意，不能以怯懦胆小的形象出现在朋友和熟人面前。在公众场合公开表露被动无助、身不由己和一筹莫展的情绪,绝不会增添你个人的魅力。愁眉不展、心绪不宁的自我,不是一个能给自己赢得好感的有品格之人。[1] 如今被流行文化广为追捧的所谓特立独行的偶像人物,正是在人们针对其恐惧感所表达的各种评价中把控着自己。从另一方面来说,在公众面前公开表白自己的内心恐惧,总是可以为自己捞取到一些真情实感的名声。因此,公开承认自己内心的恐惧,本身无可厚非,因为外界的异议和看法并不针对这种公开表白方式是否恰当,而是针对表白者的可信度问题。谁若是为了证明自己有抗争的勇气而谈论恐惧,那么他便走对了这步棋,而且,尤其是当他以其他那些胆小怯懦、没有发言权或是尚未能走出当前困境人群的名义这样做时,那就更加如此。以代言人的身份表达出的恐惧,可能会给一个国家、一个企业或是一个民间组织的领导成员造成严重的问题。

---

[1] 波皮茨用"具有个性的人"这个概念指的是同一类人有典型意义的表现方式,以及在频繁的社会角色变化中持之以恒的表现;参见波皮茨:《作为社会学理论元素的社会角色概念》。

第九章 情感的力量

换言之，对恐惧的表达可以让一个人在私人范围内显得软弱无力，而在公开场合则显得刚强不屈。不过，这种举动之中往往暗藏着一种自我表现和故弄玄虚的诱惑。尽管如此，许多事情还是不能随便讲给自己的老伴听，比如自己晚上辗转反侧，夜不能寐，反复揣摩上司白天的一句模棱两可的话，或是最近满脑子想的都是自己的性口味发生变化的事情等。即便在朋友面前，人们也只能用诙谐幽默的口吻对此说几句感时伤春的话而已。个人内心的恐惧始终藏匿在找不到恰当语言来表达压抑情感的、晦暗不明念头的反复出现之中。

相反，引起公众社会的恐惧心理，其方法往往都是同一个唬人的路径——出于生态和经济原因，世界将会有走向灭亡的危险，因此，留给我们改弦更张的时间已经不多了。与这种宣传相对应，恐惧心理所涉及的对象也虚无缥缈，含混不清——我为自己孩子的未来感到担忧，或者我为我们蓝色星球的未来感到忧心忡忡。谁若是对退休金由于梯形分配制度而得到较好保障，抑或对空气和河流变得越来越清澈干净（特别是在那些依旧沉溺于增长理论的老牌工业国中）的宣传提出异议，那么他的批评就如同小债主或冷血的玩世不恭者一样，显得十分可笑。在公开辩论中作为论据提出的恐惧，已从根本上偏离了论证的轨道。[2]

恐惧感传播的自相矛盾[3]在于，其表达的真实性常常可以用脱离实际的理由辩解并加以换取。在"多多挣钱！"的口号下，地球不可避免的毁灭与正当青壮年的我作为"小康生活面临危险的"中产阶级成员的个人状况和隐私权之间，究竟有什么关系呢？换句话说，在人们的恐惧感问题上，存在着自欺欺人的危险。

这里，问题背后的问题是，恐惧感究竟是否可以在人与人之间进行交流？在经历恐惧的过程当中，受到冷落和孤立只是其中的一部分内容。这时，人们感到自己周围的世界在倾覆倒塌，一切似乎都已经无可奈何花落去。在克尔凯郭尔眼里，这里所显现的景象

---

[2] 鲁曼的观点非常明确，参见他的《生态交流》。
[3] 埃格伯特·贝格曼：《恐惧——从现象学到人际互动》。

第九章 情感的力量

乃是当今时代的一种社会现象——人们发现，他们必须自己过自己的生活，而且必须自己本人去过自己的生活。这个事实驱使着没有任何人和任何事物可以依靠的自我陷入恐惧之中。到了 20 世纪 20 年代末世界经济危机期间，海德格尔提出观点认为，这个必须成为自己的此在者，被推入了一片虚无缥缈的存在之中。[4] 正是这样一种危险，带来了拯救的希望。

对海德格尔来说，恐惧并非一定是个消极的概念。作为自我存在的状态，它甚至会有积极的意义，倘若这个存在于"为死而生"之中的此在者与其他人以及他们的流言蜚语脱离关系的话。此在者不夸夸其谈，而是内敛自省。海德格尔的存在英雄主义认为，自我的根本孤独乃是自我排除杂念和内省观照的前提。[5]

然而，假如对恐惧的沉默被打破，那么恐惧在某个特定的社会历史时刻就具有深刻的启示意义，即看

---

[4] 舒尔茨：《近代哲学中的恐惧问题》。
[5] 海德格尔的学生恩斯特·图根德哈特（《自我中心性和神秘主义》）将这一思想作为论述当代神秘主义的基础。

似藏匿在个人和隐私之中的恐惧，得到了一种代表性的、在大庭广众之下被认为具有普遍适用效应的宣示和表白。胆怯懦弱的自我作为恐惧的主体不仅被呼唤出来，而且可将自己的弱点看作是一种鼓励和奖掖。我无须再为我的各种恐惧进行解释，因为这些恐惧已经被人们所理解。恐惧不再把每一个人分离开来，而是在整体中将他们结合在一起。

这里，各种恐惧的政策起着推波助澜、火上浇油的作用——它们将个人社会地位下降的经历和特定群体担心损失的恐惧，升格成为一种无可奈何和遭遇危机的总体感觉。通过某些特定的受牵连方式，诸如"乌托邦的消失""蝗虫政权""花钱买来的时间"，或是"资本的鬼影"等，一种社会不稳定的情绪被制造出来。这种情绪不仅预示了各种危机即将发生，而且还预示了各种制度容易出现问题的脆弱性以及社会群体四分五裂的开端。这一切并非完全无中生有，但是，人们认为自己是身处在一个江河日下的世界，还是身处于一个风云变幻或是正在退出历史舞台的世界，却有着十分重大的区别。

第九章 情感的力量

其中，公众情绪的激化是非常重要的一环。受20世纪80年代德国老百姓翘首以待的社会变革的影响，早在金融化时期开始之前，经济学家盖伊·基尔施（Guy Kirsch）[6]和克劳斯·马克沙伊特（Klaus Mackscheidt）[7]就创立了一套从情绪角度研究政治领袖的类型学理论。[8]他们将领袖人物区分为煽动家、政治家（如今还须加进女性政治家）和当权者。类型学以经典的主观动机为研究的出发点：煽动家加剧了人们的恐惧感，并给他们物色了一个用来为整个糟糕局面顶缸的替罪羊；当权者麻痹了人们的恐惧感，手法是绘制了一幅到处莺歌燕舞的社会场景图；政治家则告诉人们，实际生活中恐惧感的根源在哪里，人们应当如何面对自己的恐惧，而毋庸持一概否定的态度。

于是，人们首先想到的是民粹主义的煽动家。他

---

[6] 盖伊·基尔施，1938年生于卢森堡，卢森堡经济和社会学家。——译者注
[7] 克劳斯·马克沙伊特，1935年生于德国，德国经济学家，科隆大学退休教授。——译者注
[8] 基尔施、马克沙伊特：《政治家、煽动家、当权者》。

们要么警告大家警惕种族灭亡的危险，要么奉劝人们当心欧元债务危机产生的后果。因此，人们非常想听到一位男性政治家或女性政治家的伟大讲演，他或她直言不讳地抨击资本主义制度的局限和弊端，同时也明确指明走出危机的出路何在。但是曾几何时，人们却倒向了女性当权者，她既有领导能力又矢志不渝地解决了日复一日的实际问题。

基尔施和马克沙伊特的《政治家、煽动家、当权者》这本书中，真正富有启发意义的是，它纠正了一种明显的、但却是游离于本质的对政治的理解方式。人们常常不假思索地认为，政治的任务是要解决牵涉到每个人、但又超出个人解决问题能力的那些共同性的问题。在危机时代，每当人们期盼经济专家或管理能手的呼声响起之时，这种作为商议讨论集体解决问题战略的大舞台的政治观又会再度出现。然而，竞选的选战过程更多的是围绕追随、服从、义愤、妒忌、不满和鼓动的问题，而不是为了实事求是地探讨关于各种不同的、带有意识形态烙印的

第九章 情感的力量

解决问题方案。这样一个事实不可避免地以一种令人惋惜的、群众动员仪式的伴随现象的面目出现。倘若政治鼓动群众的方式使人们群情激昂、义愤填膺,那么,这种政治观念与关于资源供给和分配的最好途径的必要争论,不仅不再有任何关系,而且蜕变成为一场玩弄情感的游戏和闹剧。

对于基尔施和马克沙伊特来说,这种颇受欢迎的、将政治行业揭露为假象政治(不是提出理由论据,而是在情感问题上大做文章)的方式、方法,乃是建立在被打了一半折扣的政治概念基础上的。政治争论的主题不是在于,最高征税率是否应为47.5%,还是应为49.5%;是否要给1992年以前或是1989年以前生儿育女的母亲支付母亲退休金;或者,资本交易如今是否以0.05%,还是以0.03%进行征税;而是在于,针对有钱人和超级富豪的征税率是否要明显提高;对那些因为缺乏幼儿园和全日制学校设施、不得不为了子女教育而放弃工作的妇女,是否要以退休金的形式承认她们教育子女所付出的劳动;或是,政府是否准备对金融市场的短期交易进行管控等问题。这里，争论的主题不是针对如何改善公民的物质供应，而是针对承认社会群体的社会权利和从总体上建立起社会政策界限的一场斗争。

在这场争论中，不是个人利益，而是我们共同生活的理想在起主导作用。这些理想体现在政客们的政治交锋之中，所以，政治斗争也始终是一种认同感和立场的斗争。

政治若是没有激情、情感力量、相互融合和相互排斥的动力，以及没有恐惧和愿望的话，那么它就不是政治。在代议制民主中，政治的领袖人物就是这种政治情感的投射对象。缘此，一场既有论据交锋又有个人对峙的选战，首先并不是为了要替选民和被选人之间的委托代理关系做好准备，而是要为国家公民和他们的代表之间由人员传达的信任关系创造基础，或者是将不能代表民众利益的严重欠账状况公之于民。[9]

这里，信任的问题里面隐含了恐惧的问题。选民

---

[9] 基尔施、马克沙伊特：《煽动家、政治家、当权者》，第11页。

第九章 情感的力量

们对男性候选人和女性候选人进行观察，捕捉他们诠释当前社会状况的各种信号：我们不得不担惊受怕吗？我们能带着恐惧感生活吗？我们可以寄希望于一个不用对恐惧表示恐惧的世界吗？

男性煽动家和女性煽动家异口同声地说："我是你们中的一员！我了解你们的处境，我的感情和你们是一样的！我告诉你们：我们被背叛和出卖了！"煽动性的演说将恐惧变成了社会分化政策的基础：有一个统治阶级，它自私自利，极力将大部分成员排挤到社会的边缘。这些受压迫和受排挤的人群所代表的愿望和追求、需要和目标、幻想和远景，遭到了占主流地位观点的忽视和反对，他们以整个社会混乱秩序见证人的身份被动员号召起来进行斗争。

于是，一种煽动性的政治就把恐惧捧到了区别真理和谎言标准的高度。谁心存恐惧，谁手里就握有真理，因为占统治地位言论的唯一目的就是，通过无休止的讨论和折中给我们造成一种局势可控的假象。正如心理分析学一样，煽动性的辩论所构建的是一种被压抑在意识深层事物的领域，它与公开进行商讨的领域针锋相对。因此，那名女性煽动家[10]就能够以"毫无意义的错误"[11]代言人的身份自居，许下将我们大家从深受其害的恐惧中解放出来的诺言。不是因为那名女性煽动家高人一筹，而是因为她内心深处的恐惧与我们的恐惧十分相似，所以，她才得以肆无忌惮地说出那些关及我们所有人的话题。

反之，女性当权者则将其筹码押在了占主导地位的社会阶层对恐惧感进行管控的相对支持之上。她将自己的政治成就建立在——不慌不忙地向人们展示，通过摸索学习的过程来避免国家走向崩溃。她可以在人们的核心期望破灭的情况下，创造一种令人惊讶的、期望得到安全稳定的现实。当大部分黎民百姓还在等待引领我们走出危机的"伟大壮举"时，她借助一种

---

[10] 法国"国民阵线"的玛丽娜·勒庞和"丹麦人民党"的皮娅·卡斯加德的案例说明，21世纪在所谓"福利国家沙文主义"的旗号下，女性煽动家正在纷纷登场。

[11] 阿多诺如是说，参见《弗洛伊德理论和法西斯宣传制度》，第504页。

第九章 情感的力量

灵活和迅速的政策，早已将所有发出警告者和举棋不定者甩至身后。在她身上所体现的这种"沉稳的力量"的基础是实用主义，它回避一切重大的问题，着眼于眼前问题的循序渐进的处理。她不是用威胁和危险的画面来证实恐惧的存在，而是用视界之内的一步步过程对之进行外科手术式的处置。

女性当权者所表现出来的特质，并不是她具有过人的学识或是独一无二的为政方式，而是其人生观"超越平均水平的平均水平"[12]。她的人生观中没有一丝一毫的贵族气或是肆无忌惮。虽然在她的自我表现中也流露出恐惧的蛛丝马迹，但欢乐、信心或疲惫的信号也同样兼而有之。她传达给大众的印象是，她绝非一个具有旷世奇才的特殊人物。她身上具有一种让人印象深刻的勇气，其唯一的源泉就是对获得权力的勇气。

因而，女性当权者处理眼前的政治领导问题非常富有成效，但是，她同时也通过将可能引发恐惧的所

---

[12] 基尔施、马克沙伊特：《政治家、煽动家、当权者》，第85页。

有经历和担忧统统加以清除的手段，对其民众的恐惧心理施以催眠术。借此，女性当权者与人民群众之间的一种关于恐惧的心照不宣的契约得以存续，它将模棱两可的事物、头晕目眩的感觉和逃避现实的倾向统统掩盖了起来。女性当权者给予老百姓平静生活的环境，他们需要这种平静，以便在局势纷乱的情况下不失去自身行动的准绳。但是，她又不向他们提出要求，以便他们在经受考验之时不失去勇气。女性当权者的政治成功最终同她不可避免的失败一样，可能有着相同的根源，即阻碍发展进程、捍卫全球沟通交往的不可动摇的界限以及维护严格的防御机制。

政治家被认为是非同寻常的人物，他的出现是主观因素和客观机缘幸运结合的天意。如果没有第二次世界大战，温斯顿·丘吉尔（Winston Churchill）[13]

---

[13] 温斯顿·丘吉尔(1874—1965)，英国政治家和作家，出身贵族家庭，1940年至1945年、1951年至1955年两度出任英国首相，被认为是20世纪最重要的政治领袖之一，领导英国人民赢得了第二次世界大战。——译者注

第九章　情感的力量

就不会成为温斯顿·丘吉尔；如果没有"和平共处"政策的自由空间，维利·勃兰特（Willy Brandt）[14]就不会成为维利·勃兰特；如果没有去殖民化的漫长历史，纳尔逊·曼德拉[15]（Nelson Mandela）就不会成为纳尔逊·曼德拉。反之，若是没有丘吉尔，第二次世界大战将改变进程；若是没有布兰特，就没有东欧政策；同样，若是没有曼德拉，今天的南非将是另外一番景象。

政治家从他的选民那里得到回应，并不是因为他对他们的自我形象的清规戒律表示认可，而是相反，

---

[14] 维利·勃兰特（1913—1992），德国政治家，德国社会民主党主席，1969年至1974年任西德总理，执政期间以同苏联为首的东欧集团和解的"新东欧政策"打开外交僵局，尤其以1970年访问波兰期间的"华沙之跪"赢得全世界的尊敬和瞩目。为此，他于1971年获得诺贝尔和平奖。——译者注

[15] 纳尔逊·曼德拉（1918—2013），出身在南非，南非著名政治家，1994年至1999年任南非总统，是南非历史上首位黑人总统，被尊称为"南非国父"。曼德拉年轻时积极参加反种族隔离运动，被当时的南非白人政权以密谋推翻政府罪判处27年监禁。1990年出狱后，开始奉行温和的调解与协商路线，推动多民族共同参与的民主制度，终结了种族隔离。1993年获得诺贝尔和平奖。——译者注

因为他认为那些束缚个人手脚的界限是可以克服的。他的雄辩以缺乏勇气的自我为对象,这个自我被他当作我们的一部分来对待。他所传达的信息是:"我们要反抗,不惜流血、流汗、流泪!"或是:"如果我们承认自己的错误,我们不会就此沉沦!"再就是:"跌倒了,还可以重新站起来!"

政治家把在抗争和失败中形成的内在自信生动形象地展现在人们面前,他与世界末日情绪、无可奈何的论调和处处设置障碍的态度的针锋相对,也从中而来。他用对无限未来的坚定信念来抵制咬牙切齿的怨恨和四平八稳的诱惑。事物无须像现在一样一成不变,倘若我们与其他人一道和衷共济,共同创造一个崭新的环境,我们自己就能够得到改变。

政治家和老百姓之间的关系有着既紧张又矛盾的特点,这与他鼓励他们超越自我的要求密切关联。因为,这种关系的目的本不在于维护已有的所得或是释放各种欲望,而是要在政治当中以及借助政治扩大和丰富人民群众生存与经历的可能性。作为创

第九章 情感的力量

新者和开路先锋，政治家所承担的职责，是将与打开心灵枷锁和开放社会界限相关联的恐惧视作是能够被打败的恐惧。

因此，在人民群众对待政治家态度的问题上，拒绝和拥护、诋毁和感激同时并存的情况并不鲜见。凡是女性当权者无论何种情况皆能在大多数群众那里（她安抚了他们的恐惧感）得到他们心平气和的支持和拥护，政治家却会遭遇与他们同样程度的激烈反对或是热情赞扬。

政治家的拥护者赞赏他在经济上并不是行家里手，不计较他为政的失误偏差，并且，只要他们认为这种特质是危机时代他的力量的源泉，他们就会始终这样做。但是，当时局风平浪静，柴米油盐问题又被提到议事日程上来，这时，政治家已完成自己的使命，其结局往往是黯然退场。

此情此景，似乎以往在抵抗和变革时代感受过他的理解和领导的民众，如今却要对这个他们在懦弱和胆怯之时曾经依靠过的人施以报复。一旦这种源自矛盾心理的、政治家与他的人民之间的紧密关系逐渐变淡，那么，一度如此炽烈的依存关系顷刻之间消失得无影无踪。政治家在新一届选举中败下阵来，从此被载入史册。

  作为观众，我们显然对这样的故事情有独钟。无论怎样，颇有启发意义的是，用来表现阴暗的人格、肮脏的欲望和复杂的人生故事的政治题材都是电影，尤其是电视连续剧经久不衰的素材。对此，我们只要举出凯文·史派西（Kevin Spacey）[16]在美国电视连续剧《纸牌屋》中扮演的弗朗西斯·安德伍德[17]，或是希德丝·巴比特·科努德森（Sidse Babett Knudsen）[18]在丹麦电视连续剧《权力的堡垒》中扮演

---

[16] 凯文·史派西，1959年生于美国，演员、导演和制片人，代表作有《美国丽人》《洛城机密》《纸牌屋》等。——译者注

[17] 《纸牌屋》(House of Cards) 是奈飞（Netflix）公司出品的一部政治题材的电视连续剧，讲述一个冷血无情的美国国会议员弗朗西斯·安德伍德和他同样野心勃勃的妻子在华盛顿白宫运作权力的故事，2013年2月首播。——译者注

[18] 希德丝·巴比特·科努德森，1968年生于丹麦哥本哈根，戏剧和影视演员，作品有《权力的堡垒》《西部世界》等。——译者注

第九章　情感的力量

的比尔吉特·尼博格[19]的例子即可。剧情以权力、嫉妒、性爱和名誉为主题，表现的是在多层世界纷繁复杂的环境中拼命往上爬的技巧、掩盖动机的手段和效果算计的方法。除了自重的女主角和玩弄阴谋的大师外，还有性格乖张、愚昧无知和怯弱可怜的人物在戏中出现，他们试图在与自己的人生恐惧、生活谎言和生命战栗的抗争中立于不败之地。比起经济或体育比赛的竞争，政治体系中的权斗戏似乎更富有教育意义，更震慑人心。经过娱乐化处理后的问题是，谁控制着我们？我们听从谁？我们相信什么？

　　这个源自大众媒体工厂的现象观察得到了来自名人社会学的证实。[20]在名人排行榜榜上提名者，既非来自娱乐界或体育界的名流，也非经济上的成功人士和经营社会工程的富豪，而是无可争议地被人们认为

[19] 《权力的堡垒》（*Borgen*）是丹麦公共广播机构出品的一部政治题材的电视连续剧，2010年9月首播。剧中女主角比尔吉特·尼博格的原型是当代丹麦女政治家玛格丽特·维斯塔格。——译者注
[20] 彼得斯：《名人》，或关于政治情感力量的诱惑问题，参见莱普修斯、迈尔-卡尔库斯主编：《将演戏当职业》。

属于本国政治精英的男女政治家们，其中高居榜首者，是那些位居最高和最重要政府部门的主官。

  在电视访谈节目中，人们最感兴趣的莫过于美国总统、法国总统或德国总理就自己的内在动力、观念信仰和奋斗目标侃侃而谈。甚至已经卸任的前政府首脑也被花大价钱请来做讲演和登台亮相，这时，仅就他们个人的出场来说，也比他们就世界局势的演说更为重要。我们想要知道他们的追求和情感，目的是为了对我们自己能够有所认识。

第十章
别人的恐惧

第十章　别人的恐惧

在许多人看来,"我们"这个集体概念实际上是一种四分五裂和一盘散沙的状况。在如今不同民族混居的社会里,弥漫着一种巨大的社会恐惧。它一切以自我为中心,并感受到来自陌生事物的重重威胁。有人称其是对铺天盖地而来的陌生文化中的恐惧,甚至更有人认为它是对恐怖主义的一种恐惧。那么,究竟是谁对谁心存恐惧呢?

出生于印度、旅居美国的全球化理论学者阿尔君·阿帕杜莱(Arjun Appadurai)[1]在其受"9·11"事件触发所撰写的、于2006年出版的《对小数字的恐惧》(德文可译为《多数对少数的恐惧》[2])一书中,

---

[1] 阿尔君·阿帕杜莱,1949年出生于印度孟买,在美国获得博士学位,被公认是全球化理论的领军人物,代表作有《全球化》《消散的现代性》等。——译者注

[2] 此书德文版采用了原书的副书名,参见阿帕杜莱:《愤怒情绪的地理分布》。

指出了大量存在于我们这种类型的社会中的、对不完善的集体共存形式的恐惧和担忧。这里所谓的"我们这种类型的社会",指的是经济合作与发展组织国家的社会。只要民族国家还是人们所理解的现代社会不言而喻的载体,承诺给本国人民足够程度的社会安全,并且给其公民同样的政治权利(尽管经济上的权利分配不尽相同),那么,社会上就存在差异得到统一的框架环境。阿帕杜莱论述的着眼点是1945年之后局势得到稳定的民族国家时代,这些民族国家通过排斥外来人口和融合本民族成员的方式,已经度过了自身统一进程的暴力阶段。[3] 然而,此后由诺伯特·伊利亚斯(Norbert Elias)[4] 所描述的原住民和外来移民之间的矛盾冲突和互相攻讦却始终存在。对于生活传统价值判断标准的决定权,始终

---

[3] 关于职能区分和民族认同感同出一源的问题,参见乌尔里希·比勒菲尔德:《国家和社会》。
[4] 诺伯特·伊利亚斯(1897—1990),犹太裔德国社会学家,著有《文明的进程》和《什么是社会学》等著作。——译者注

第十章 别人的恐惧

掌握在能够在后来者面前成功地伸张自己最先来到其居住地主张的那部分人手里。[5]通过籍贯出生的辨别归属,这部分人群的权利得到了保障。但是,随着时间的推移,人们逐渐适应了这种"籍贯共同体"[6]的不断多元化过程,并且为了共同利益接受了相互融合、相互依存的社会现实。如今,意大利餐厅、希腊裁缝店、汽车制造业中的土耳其裔金属加工行业工人和越南裔的眼科医生等,已经成为德国社会生活的组成部分。曾几何时,那些因思乡心切、每逢周末便成帮结伙地聚集在火车站,以及因啮噬心灵的恐惧而不与外界打交道的所谓"本国的外国人"[7],如今已经从当年所谓的"外来打工仔"[8]变成了梅尔

---

[5] 伊利亚斯、斯科特森:《原住民和外来人》。
[6] 马克斯·韦伯用语,参见《民族群体关系》。
[7] 比勒菲尔德:《本国的外国人》。
[8] 《城市流浪汉》是赖纳·维尔纳·法斯宾德于1969年根据他的同名话剧拍摄的第二部故事片,影片讲述的是一个来自希腊的客籍劳工的故事,他成为一群游手好闲的德国小青年发泄野蛮欲望的对象。——译者注

穆特·绍尔（Mehmet Scholl）[9]式的德国人。他们买房置地，为自己的子女进好学校而处心积虑。就其对身体健康的担忧和对子女教育的关心而言，他们与相同社会层次的"土著德国人"邻居没有丝毫差别。

民族国家犹如一座广厦。在这座广厦之中，通过接纳其他民族的生活方式和新的生命活力，社会关系的新秩序逐渐形成。1968年德国文化运动之后出现的价值关系的普遍化，由于社会政策大联合所实现的公民权利地位的扩大，以及因为旅游、流行音乐文化和电视专题节目（比如"世界之镜"）而形成的人们的观察视野和参照对比的国际化，都为接纳诸如土耳其裔的德国人、有东德背景的越南裔德国人或是享有公民权的俄裔德国人创造了条件。剩下的大部分德国人则由来自下巴伐利亚地区（Niederbayern）[10]、霍恩罗

---

[9] 梅尔穆特·绍尔，知名足球运动员，1970年出生于德国，其父是土耳其人，其母是德国人。曾效力于拜仁慕尼黑队和德国国家队。——译者注
[10] 下巴伐利亚地区位于德国南部巴伐利亚州的东南部。——译者注

厄地区（Hohenloe）[11]、劳齐茨地区（Lausitz）[12]，或是来自施瓦本（Schwaben）[13]和萨克森（Sachsen）[14]的柏林人等组成。

自从民族国家由于自愿而为之的内部自由化和被迫接受的外部宽松化（全球化概念因此在德国而流行）之间的复杂关系而不得不为资本、信息、货物、服务领域实行开放政策，特别是为外来民族开放自己的边境之后，逐步融入外国人以及通过外来人口缓慢有序地改变社会面貌的美好图景，似乎对身处千疮百孔、好似集装箱式的封闭空间的本国老百姓来说，已经不复存在。随着铁幕的消失、欧盟的扩大以及途径地中海路线的难民潮的到来，在"后民族国家"中产阶级的头脑中出现了一种防御堡垒式的观念。为了保卫这座堡垒要塞，人们必须抵御来犯的"入侵者"。这些"入

---

[11] 霍恩罗厄地区位于德国南部巴登-符腾堡州的东北部。——译者注
[12] 劳齐茨地区位于德国东部与波兰交界地区。——译者注
[13] 施瓦本地区位于德国南部巴伐利亚州的西部。——译者注
[14] 萨克森是德国十六个州中的一个，位于德国中东部。——译者注

侵者"从边境围墙的破洞里钻进来，藏身在难民营的特洛伊木马中。人们觉得，对这些难民已经完全失去了控制，根本束手无策。面对大众媒体中所见到的各种难民命运的画面，人们喊出的"我们不是这个世界的民政局！"的呼声，使无法得到解决的人道同情和人性冷漠之间的窘迫关系一目了然。人们既不想责怪那些借助破旧的小船、从非洲渡海到欧洲求生的一无所有的难民，也不想把悲惨命运的责任推卸到他们身上。但是，人们担心打开难民潮的闸门之后，局面失控，一发而不可收拾。缘此，对个人命运的同情心与对大量难民群体的恐惧感在此彼此交织，剪不断理还乱。

随着20世纪90年代来自南斯拉夫解体后不同地区的，或是来自巴勒斯坦战争难民的到来（他们的孩子在21世纪头十年里让德国的中小学体制经受了一场考验），德国出现了关于"'危险的移民阶级'打乱市民秩序"和"躺在德国社会福利制度上享福"的恐怖观念。2010年，一本发行量超过百万册的畅销书提出了这样一个问题：德国是不是眼睁睁地在

第十章 别人的恐惧

自己毁了自己？[15]

在阿帕杜莱看来，人们对人口结构不整齐划一的恐惧造成了局面管理和巩固的艰巨任务的出现。社会上有人提出的抵御外来移民涌入的种种理由，通常是一种介于人口、教育和文化因素之间的混合体。他们认为，初时的外来人口数量较少，但是，鉴于这些欲望强烈人群的生育率很高，其数量将会越来越多。因此他们担心，这些素质不高的外来移民会对我们因自己的生育率下降而不堪重负的社会福利制度造成更大的压力。这些外来移民来自不同的文化地域，对外界自我封闭，因此将始终是这个国家格格不入的一个异类群体。所以，这个少数群体只不过是今后多数群体的先头部队而已，他们总有一天会把我们排挤到社会的边缘。因此，倘若我们不

---

[15] 根据 Media Control 机构的统计，截至 2012 年 12 月，蒂洛·萨拉辛有争议的著作《德国正在自取灭亡》已经售出 150 万册。虽然远不及京特·瓦尔拉夫于 1985 年出版的、销量为 400 万册的《人下人》这部关于德国的土耳其移民生活的报告文学，但是，它无疑是联邦德国建国以来销量最大的非小说类图书之一。

想沦亡，我们就必须对之加以抵制。

但是，社会安全感发生危机的真正转折，是2001年9月11日发生在纽约世贸大楼的恐怖袭击事件，当时完全不引人注意的、几个在汉堡的非德国籍留学生参与了这场袭击行动。这些常年生活在我们身边、伺机参与同西方较量的暗藏分子，究竟是何许人也？汉斯·马格努斯·恩岑斯贝格尔（Hans Magnus Enzensberger）[16]于2006年提出了所谓"可怕的男人"的假说，认为这些全球优胜劣汰过程的极度失败者被一种屈辱的情绪所感染，这种愤怒情绪需要一种惊天动地的发泄方式。[17]从此以后，人们与外来事物的关系便与对伊斯兰原教旨主义的恐惧交织在一起。

德国的穆斯林们——他们要么自己的装束打扮是穆斯林，要么被看出是穆斯林——感觉忽然之间在自己的国家被当成了外国人。对一名穆斯林妇女来说，

---

[16] 汉斯·马格努斯·恩岑斯贝格尔，1929年生于德国，德国诗人和作家，曾多次获得德国的文学奖。——译者注
[17] 恩岑斯贝格尔：《可怕的男人》。

第十章 别人的恐惧

关于包头巾的问题——倘若人们真有勇气提出这个问题的话——可能顷刻之间就变成了其解放程度高低的试金石。"我本来就这样"——这恐怕是唯一能够对此做出的回答了。对于被关注者来说,这种将别人打上异国文化标签的方式改变了他们身处其中的整个环境。这里所涉及的不单单是投向他们的狐疑目光,更多的是一种潜意识中的恐惧心态。虽然心怀恐惧者一语未发,但是,另一个人已被逼入了被迫为自己解释开脱的境地。我外表像一个表情严肃的阿拉伯人(但已宣誓加入了他国的国籍),这能怪我吗?我是阿拉伯人,但我5岁起就住在这个国家,18岁就加入了这个国家的国籍。

如今,正是上述这类情形将人们对大量外来事物的恐惧暴露无遗。自"9·11"事件后,人们仇外的、视外来移民为争夺有限资源竞争对手的目光,与内心中对伊斯兰教的恐惧交织在一起。伊斯兰教不符合一种私人的、似乎与一个有功能区分的社会——这个社会既无中心点也无最高点——相辅相成的宗教形象,而是表现为一种公众式的和十分单纯的宗教形象。[18]信众们以明显的标志物来表示对它的信仰,而且,它以明确的信仰经文和严格的朝拜仪式确立了不容置疑的行为界限。天主教则不然,虽然它以典章制度对宗教仪式进行了规定,并且要求信徒在弥撒时大声重复对信仰的认同,但是,如同马丁·路德新教和国家政治的自治领一样,伊斯兰教中也不存在具有神圣地位的最高权威。因而,它给人造成了一种外在印象,似乎在伊斯兰教范围内,自命的极端教义诠释者拥有巨大的空间,他们随时可以宣布针对异端人群和敌对者的紧急状态。这里,上帝的统治即意味着反对外来统治的自我统治。

一位不食猪肉、不喝酒精饮料而且在某种程度上恪守斋戒规定,以及见到乞丐会慷慨解囊的德国穆斯林,对于他的装束举止必须跟德国人一模一样的要

---

[18] 这个区别让人自然而然地联想到基督教中马丁·路德新教和天主教的区别,参见布德:《宗教的未来》。

第十章　别人的恐惧

求,其内心深处有着一种强烈的反感。对他而言,伊斯兰教绝非是一种严格和僵化的、必须绝对服从的宗教,而是一种没有忘却生活中超验的关联对象的生活方式。某些风俗习惯可以为这种生活中超验关系的目的服务,而且,要求人们对一种具有同等地位的、本真形态的和无拘无束的生活方式的体现越多,他们对这些风俗习惯自然就会赋予更加鲜明的色彩特征。

我为什么要去理解那些陷入困惑的德国人心里的恐惧?他们有什么权利要求我在疑难之时首先迈出相互理解沟通的第一步?我们要为自己申辩解释的时代何时结束?

时下,人们有必要更加紧迫地提出上述这些问题,这是因为,德国纳粹地下组织(NSU)的恐怖活动已经成为效法"9·11"事件的翻版。从此以后,出现在前文所述场景中的当事双方就有了精神恐惧的种种理由。2000年至2006年间,在德国不同大城市由纳粹地下组织针对有移民背景小商贩实施的系列谋杀案中,共有九人死于非命,其中八人是土耳其裔的德国人，一人是希腊人。第一起曝光的谋杀案发生在 2000 年 9 月 9 日，根据推测，最后一起谋杀案发生在 2006 年 4 月 6 日。一个由三人组成的小团体（他们最后的居所是在宿营车上）被指控涉嫌谋杀，并且还涉嫌实施炸药和铁钉炸弹攻击，以及谋杀了一名女警官。

正如"9·11"事件的凶手一样，纳粹地下组织的作案者也生活和隐藏在"孤独的人群"之中。两宗案件都是松散的恐怖网络体系中的"单细胞组织"所为，他们均采取独自的谋杀行动。这些人的用意不是为了达到某种特定的目的，而是要在他们的敌人当中以及在整个社会散播一种恐惧和紧张的气氛。

其间，该地下组织锁定的目标是一直被许多外国移民视作其进入当地社会突破口的小本生意领域，即恰恰是在那些外来移民想安身立命的地方（因为小商贩的零售业是一种没有很高入行门槛的个体经营行业），他们要让这些人感觉有危险并且容易受到伤害。

社会上的一部分人心怀恐惧，因为他们感觉受到少数人群的威胁；另一部分人也同样惶恐不安，因为

第十章 别人的恐惧

他们感觉受到多数群体的威胁。在孰能占得上风的机会不均等的情况下，这两部分人均患上了对和谐共存不完满现状的恐惧症。不仅对土生土长的多数群体，而且对初来乍到的少数人群来说，一种在种族问题上完全均衡的生活环境的虚幻状态，是不存在的。在德国大城市中，大约一半在学校接受教育的儿童都有移民家庭背景。有鉴于此，土生土长的德国人和非土生土长的德国人就不可能长期自我隔绝，老死不相往来。一群与外界环境封闭隔绝的德国人是无法想象的，正如一群扎堆抱团的奥斯曼人、阿拉伯人和来自其他国家的欧洲人一样难以为继。说到底，这些群体的名称都不过是空洞抽象的称谓，虽然充满了浓厚的感情因素，但却掩盖了非常具体的民族属性特征。倘若人们仍要坚持一个共同的"我们"概念，那么要问的问题是，在不同民族共居的社会中，在与哪些其他人群形成对比的情况下，能够形成什么样的一种新型的、社会大家庭的"我们"？

这个问题的首要内容是，外来移民不再愿意被看成外来移民。音乐人、文化活动人士、土耳其客籍劳工的后代、出生于慕尼黑的图恩凯·阿卡尔（Tuncay Acar），在他出生的城市创建了一个名为"歌德文档"[19]的网络平台。当他听说在一次艺术活动中，有人想请"一个有移民背景的人"给一名观众充当慕尼黑"受外来移民影响城区"的向导时，他在自己的脸书博客中愤怒地写道："真是见了鬼了，我干吗要给你们不厌其烦地讲我的'外国人聚居的火车站地区'呢！你们以为我傻啊？这也是你们自己的城区好不好，你们自己睁眼瞧一瞧啊，这可也是你们自己的国家、你们的城市、你们的历史……"[20]

显而易见，由恐怖主义在社会上引起的双方对等的恐怖心理，需要一个第三种立场。对这种立场，凭借一个政治词语——跨越外来移民身份的"有色人种"群体，仅能从规范的意义上对之加以定义。眼下问题

---

[19] 原文为"Göthe Protokoll"，"Göthe"的写法和发音与德国大文豪歌德（Goethe）的名字完全一样，有幽默搞笑之意。——译者注
[20] 克里斯蒂娜·德塞尔：《被排斥者》。

第十章　别人的恐惧

的关键在于，我们无法禁止当事双方中的任何一方有他自己的恐惧心理。在这种情况下，或许只有当事方才能认识到，对自身的恐惧立刻也会引起别人的恐惧。

第十一章
几代人行为的经验教训

第十一章 几代人行为的经验教训

出生于1925年的"二战"老兵詹姆斯·索尔特（James Salter）[1]在他2013年出版的晚年作品《所有这一切》中，以20岁的主人公跟随美国海军舰艇驶往日本冲绳岛的故事，开始了他对"二战"恐惧场景的描述。

"数百名官兵默不作声地躺在军舰甲板下一排排铁制双层床上，许多人仰面而卧，一夜没有合眼，尽管此时东方已经破晓。昏暗的灯光中，马达不停地发出低沉的声音，风扇把潮湿的空气抽进舱来，1500名士兵带着军用背包和各种武器装备……"[2]

如今，这种在前往一个陌生和神秘的国家途中、

---

[1] 詹姆斯·索尔特（1925—2015），美国作家和编剧，"詹姆斯·索尔特"是其笔名，正式名字叫"詹姆斯·A. 霍洛维茨"（James A. Horowitz）。——译者注
[2] 索尔特：《所有这一切》，第9页。

为了把已经打了三年半的战争变成一场决定性战役的恐惧，已经不复存在。

"勇气和恐惧，以及在枪林弹雨中如何表现，这是不言而喻和无须进行讨论的事情。"[3]

生死关头面无惧色，对此，如今只有少数幸存的、即将年届九十的大战亲历者才能从容道来。他们的讲述往往寥寥数语，听者却可以从中发现，战争在他们眼里是人生经历的根本所在，因此，他们不愿为此再多费口舌。

不过，从索尔特的小说中，人们也同样可以看出，战争结束后，恐惧情绪并没有退出历史舞台，取而代之的是20世纪50年代和60年代初期以玩酷为时代特征的两性关系、酗酒成风和飞黄腾达的人生历程。在产生了约翰·克兰特（John Coltrane）[4]、波普

---

[3] 《所有这一切》，第16页。
[4] 约翰·克兰特（1926—1967），美国爵士乐萨克斯管演奏家、音乐革新家，对20世纪60年代和70年代的爵士乐曾产生重大影响。——译者注

第十一章 几代人行为的经验教训

艺术[5]、控制论和原子塔[6]的这一代人中,最后是女性把对恐惧的恐惧变成了公众话题。

早在1934年,出生于德国的美国心理分析学家卡伦·霍尼(Karen Horney)[7]就已经发现,每一个想在职业生涯中有一番作为的女性都面临着一场外部和内心的斗争,倘若她们不愿意以牺牲女人的天性为代价,义无反顾抛弃家庭的话。[8]女人的唯一心愿,就是被男人所爱并回报之,对他表示欣赏并伺服之——这种父权制度下的关于理想女性的观念,早在这场战

---

[5] 波普艺术(Pop Art)是一种主要源于商业美术形式的艺术风格,其特点是将大众艺术的某些细节,如连环画、印有商标的包装盒等进行放大复制。波普艺术于20世纪50年代首先出现在美国纽约,60年代中期,波普艺术替代了抽象表现艺术,成为主流的前卫艺术。——译者注

[6] 原子塔(Atonium)位于比利时首都布鲁塞尔的一座公园内,1958年落成,其设计构思来源于被放大了1650亿倍的金属铁分子结构。——译者注

[7] 卡伦·霍尼(1885—1952),出生于德国的女医学博士,后移居美国,德裔美国心理学家和精神病学家,精神分析学中新弗洛伊德主义的主要代表人物,主要著作有《我们时代的神经质人格》《精神分析新法》等。——译者注

[8] 霍尼:《爱情的过度评价》,第112页。

争之前就已名存实亡。就女性对恐惧的恐惧而言，在《广告狂人》[9]所描述的战后年代以女性职业前景为研究对象的心理学中，男性对女性的怀疑和抵触，即女性时下也打算在男性所从事的行业中步其后尘，已被公开揭示出来。

当初的这一观察和发现，如今业已变成了现实。女性不仅是战后教育普及的受益者（1999年后，德国上大学的女生人数超过了男生，由此可见一斑），而且，由于拥有更高的学历，她们对迄今为止属于男性特有的职业和地位也提出了意欲染指的要求。这是大势所趋，人心所向。

继卡伦·霍尼大约四十年之后，玛格丽特·米彻里希（Margarete Mitscherlich）[10]更进一步认为，女性获得的新自信心有可能对帮助男性缓解性生活和职业

---

[9] 此处指的是美国的一部电视连续剧，故事叙述孤独人群中的不同人物在20世纪60年代梦想冲出樊篱却依然无法摆脱的故事。
[10] 玛格丽特·米彻里希（1917—2012），德国心理医生和精神分析学家，研究的重点是女性主义、女性性别和战后德国的国家心理学。

第十一章　几代人行为的经验教训

生涯上的紧张情绪和心理压力，大有裨益。新型女性的内心越强大，她对男性及其各种恐惧心理的理解和安慰就越多。因为，男性也必须认识到，由于自己对感情、恐惧和依赖心理的抵触，他们制造了一个"错误的自己"的情况比比皆是。[11]

关于20世纪的恐惧对历史的影响，第二次世界大战是一个重要的转折点。在这个问题上，社会上存在着两类人群。一类是经历过战争年代的那几辈人，他们在自己的青少年时代曾经亲身经历过战争，并且对在身不由己的情况下被迫做出的一些人生重大决定的恐惧感，宁可守口如瓶，保持沉默，其原因在于，他们认为谈论这个问题已经没有任何意义。[12] 他们要给自己的子孙后代传达的意思是，最糟糕的事情已经过去，因此，在他们后人的眼中，他们的心里已经完

---

[11]　米彻里希：《女人的解放和性爱》。
[12]　关于"二战"时德国中学生入伍从军的问题，参见布德：《德国式的职业生涯》，或参见舍尔肯：《空军帮凶和第三帝国》。

全没有了恐惧感。[13] 甚至对于 1940 年前后出生的战争年代的儿童来说，战后初期的那些年意味的是，敌对的状态、物资的匮乏、孤立隔绝和心怀恐惧的环境统统都已不复存在。直到 1968 年，这一代人最终完全从这种环境氛围中解放了出来。[14] 虽然经历了文化反抗和社会运动，但是，作为已经尘封的对待生命如草芥的记忆，潜意识中对当年弹坑累累的马路街道、炸塌屋顶的楼房建筑和熊熊大火的残垣断壁的印象，依然在人们脑海中记忆犹新，难以忘怀。[15] 随着这一代人逐渐步入老年，这些记忆变成了叙述战争年代那

---

[13] 在德国，1918 年出生的赫尔穆特·施密特是恐惧世界大战的典型代表。在其担任联邦总理时，他没有用作为人质的德国雇主联合会主席汉斯·马丁·施莱尔交换关押在监狱中的德国恐怖组织"红军派"成员，并且不顾德国公众的强烈反对，力主北约的《双轨决定》。

[14] 20 世纪 60 年代，美国深陷"越战"泥潭，中国"文化大革命"爆发。受其影响，西欧许多国家的年轻人走上街头，反对"越战"，要求社会变革。德国的学生运动在 1968 年达到高潮，此处所指即与此有关。——译者注

[15] 关于战争年代的儿童，参见布德：《步入老年的一代》，第 17—36 页。

第十一章 几代人行为的经验教训

一代儿童所经历的故事的文学创作题材。[16]

另一类是战后年代出生的几代人，他们眼中的历史，无外乎是一段具有更多的安全感、更多的舒适生活、更多的政治权利和更多的个人发展潜力的历史。对他们来说，可能发生的重大事故尚未发生。面对这样的危险，个人的奋斗努力和谨慎小心完全无济于事。所有人可能遭遇的重大危险，不是已经过去，而是还未出现。哈里斯堡（Harrisburg）[17]、切尔诺贝利（Tscherbobly）[18]、塞拉菲尔德（Sellafield）[19]，尤其是

---

[16] 参见舒尔茨、拉德博尔德、罗伊莱克：《没有父亲的儿子》，或参见布德：《被遗忘的一代》。

[17] 距离美国宾夕法尼亚州哈里斯堡市 10 公里处的三里岛核电站，于 1979 年 3 月 28 日发生核事故，2 号反应堆堆芯部分熔毁，造成核泄漏。——译者注

[18] 1986 年 4 月 26 日，位于乌克兰境内的切尔诺贝利核电站 4 号反应堆发生爆炸并引发大火，大量高能辐射物质被散发到大气层中，污染了大面积地区，酿成迄今为止人类历史上最大的一次核事故。——译者注

[19] 英国东北部的塞拉菲尔德核电厂于 1955 年发生火灾，此后至 1979 年一直事故不断。——译者注

福岛（Fukushima）[20]，这些名字让人们意识到，若是此类事故发生在汉堡、柏林和慕尼黑附近，那将会是一番怎样的可怕情形。对于漫长战后时期的这几代人来说，恐惧首先并在多数情况下仅存在于人们的各种假设之中。如同自然规律一样，这些假设被认为是不可求证的。他们无法想象，德国人和俄国人会再次兵戎相见，养老金会被削减，男性和女性同性恋会被拒之于工作岗位之外，莱茵河会再度变成化学品污染的臭水沟。虽然科技进步的利弊兼而有之（大家对此十分清楚），但是社会关系在总体上变得越来越好，而不是越来越糟。世界末日仅仅是在永恒的轮回或是偶然的自然灾害意义上才有可能出现。在战后几代人的眼里，对个人期望目标的高低起决定作用的人生经历基础，不再是硝烟弥漫的战争，而可能是一叶障目、

---

[20] 福岛核电站位于日本东部濒临太平洋的福岛工业区，2011年3月11日，日本东北太平洋地区发生里氏9级强烈地震，继而发生海啸，造成福岛第一和第二核电站毁损，核物质外泄。福岛核电站事故是与切尔诺贝利核电站事故同级的重大核事故。——译者注

第十一章 几代人行为的经验教训

不见森林的太平盛世,因此,这种障眼法式的太平景象构成了人们迥然不同的恐惧的根源。

尽管如此,新旧两种恐惧心理合二为一的可能性依然存在。自从欧元区国家的债务危机以及俄罗斯干涉乌克兰事务之后,欧洲在欧盟的不断扩张政策进程中内部将愈发稳定团结的初衷已成泡影。相反,各国之间的相互指责和唇枪舌剑给世人造成的印象似乎是,第二次世界大战期间那种害怕报复的心理、自卑的情结和将命运交与他人的情形又再度死灰复燃。

这时,深藏在人们内心的格式化情感类型就浮出了水面。这些情感类型之所以不适合被称为固定不变的情感类型,原因在于,它们的基础是活生生的对种族屠杀、战争和被迫背井离乡的亲身经历。它们是人们情感的复杂综合体,在局势紧张的社会环境下,这种复杂的情感显然可以被迅速煽动起来。然而,东欧和西欧的煽动家们之所以能够煽动起这种紧张情绪,是因为这种恐怖心理被代代相传,并且形成了一种潜在期望心理的社会基础。1945年后的俄国化和美国化给人们留下了相互隔绝的冲动和对自治权的幻想。这些冲动和幻想从人们隐藏在心底的复仇愿望中获得滋养,其过程建立在这样一个事实之上,即欧洲人没有能够解放自己和保护自己,所以,他们心中对一个缺乏自由和自信的民族的集体自我形象,感到问心有愧,难辞其咎。

人们内心的恐惧无法被分离和割裂,这是因为,人们的情绪活动有着朝同一个方向运动的共性,而且,所有特殊的根源皆消解在一种将事物抛之脑后和与之一刀两断的模糊愿望之中。由此可以说明,为什么今天在既没有经历过战争和屠杀,也没有经历过从纳粹统治下解放出来和自己的国家战后被盟军占领的全欧洲的几代年轻人中,出现了所谓狂热的"复仇天使"。这些人将几代人完全不同的人生经历混为一谈[21],其结果造成,要想在相关公众社会中冷静地对情感和心理产生的原因进行分析、梳理,似乎已经没有可能。

针对公众如何面对恐惧的问题,探讨政治文

---

[21] 法因贝格:《几代人的龟缩现象》。

第十一章　几代人行为的经验教训

化的相关学术研究成果通常包含两种建议。这当中，在弗朗茨·列奥波德·诺依曼（Franz Leopold Neumann）[22]1954年发表的关于政治中的恐惧感问题的著述中，人们可以找到其中的一种建议。[23] 诺依曼在他的文论中阐述道，由于分工的进一步细化和市场的不断扩大而变得愈发抽象化的人类社会，很容易造成具有恐怖感的大规模群众运动的反复出现。非名正言顺的政治制度和非主观要求的各种效应，使得大众更愿意跟从阴谋论的误导宣传，并且将时事每况愈下的责任统统推卸到某个替罪羊的身上。身为犹太人的诺依曼1933年在德国身陷囹圄，出狱后于同年流亡英国。面对自己的读者群，他在文中引述了过去数十年间人们所亲身经历的、给他们带来对大众的恐惧感的种种现象。正如他既小心严谨又不容置疑地阐述的

---

[22] 弗朗茨·列奥波德·诺依曼（1900—1954），出生于波兰的德裔犹太人，西方马克思主义理论家和政治学家，后流亡美国，因其对国家社会主义的理论分析而闻名。——译者注
[23] 诺依曼：《恐惧和政治》。

那样,在这数十年中,这批人群具备了干出所有伤天害理之事的能量。若是当今社会的恺撒大帝[24]式的人物将广大民众变成了自己的拥趸和支持者,那么,他就会给政治上失去归属感的反资本主义运动赋予其声索的喉舌和前行的目标。

诺依曼发现,任何政治制度不仅建立在人们对身处孤立地位的根本恐惧之上,而且在划分为不同阶层的现代社会中,政治的群体化要经过一个将分散的个人聚合在一起的认同过程。通常,这种群体化的认同过程可以通过一种协同合作的方式进行,其间,为数众多的同类者结成了一个观念相同和利益相关的集体。但是,诺依曼认为,起决定作用的是一种领袖领导下的群众情感认同,这种情感认同在必要时与自我的消失和自我的伤害一同发生,而且给了恺撒式的领袖人物为所欲为和以人民的名义针对外国人和敌对者

---

[24] 盖乌斯·尤利乌斯·恺撒(Gaius Julius Caesar,公元前102年—公元前44年),史称恺撒大帝,罗马共和国末期杰出的军事家、政治家和独裁者。——译者注

第十一章 几代人行为的经验教训

使用暴力的权力。

根据诺依曼的观点，只有认清那些无法从这个世界加以消除的恐惧所产生的根源，人们才能避免此类事件的再度发生。思想解放、眼界开阔的人民群众——他们能够抵御通过群众运动的方式来克服恐惧感的诱惑——不仅对心理学意义上的、在自我和外部世界之间存在着无法消除的矛盾的根本事实表示接受，而且也对社会意义上无法取消的劳动异化的现实，以及政治意义上无法克服的群体之间存在相互竞争的事实，表示认可。人们对于一个活生生的民主制度不可或缺的情感认同，不仅应当以有关的组织机构为对象，而且也应当与相关的规范原则挂钩。议会民主或许就是这样的一种组织形式。不唯如此，多年之后，由道尔夫·施特恩贝格（Dolf Sternberger）[25]提出的、备受

---

[25] 道尔夫·施特恩贝格（1907—1989），德国哲学家和政治学家，因其在德国当代政治思想中的公民意识学说而闻名，曾于联邦德国成立30周年之际创造了"宪政爱国主义"一词。——译者注

尤尔根·哈贝马斯[26]（Jürgen Hbermas）[27]推崇的所谓"宪政爱国主义"[28]，或许也同样是这样一种从直接的恐惧感压力下解放出来的、政治认同形式的规范原则。人们对寻求一种包括百家争鸣、宪法制度和政府职务在内的政治美学的愿望，由此可见一斑。缘此，诺依曼率先提出了一种本身看似有些自相矛盾的专门用语——无情感认同[29]，即用一种理性制约和经过思想意识所传达的方式、方法，来表达人们对之感到欢欣鼓舞的情感。这种表达方式的基础是一种没有了恐惧感的恐惧，人们似乎可以在某些特定的、为塑造完整的人生经验服务的教育机构中学习掌握。

1975年以80岁高龄在莫斯科去世的俄罗斯文学

---

[26] 可参见哈贝马斯：《历史意识和后传统认同》。
[27] 尤尔根·哈贝马斯，1929年生于德国，德国当代最重要的哲学家和社会学家之一，同时也是西方马克思主义研究法兰克福学派第二代的中坚人物。——译者注
[28] 施特恩贝格：《宪政爱国主义》。
[29] 诺依曼：《恐惧和政治》，第433页。

第十一章 几代人行为的经验教训

家米哈伊尔·巴赫金（Michail Bachtin）[30]在中世纪的诙谐艺术中，发现了另一种公众社会与恐惧打交道的方式。[31]巴赫金研究的重点，不仅有体现在狂欢节和神秘剧里的喜剧成分，而且有多重释义的动物叙事诗，以及餐桌上的饮酒歌和粗俗滑稽剧中的民间风俗。这里，我们要把此类艺术想象成一部关于人的身体部位的大戏，即男欢女爱、女人生产、成长过程、身体缺陷、饮酒吃饭和身体排泄等。其中，剧情的着重点不在于一个人的七情六欲和日常私生活，而是族群和民族的宏观整体；出生和死亡不是意味着绝对的开始和绝对的终结，而是包罗万象的轮回和重生过程中的瞬间而已。这个过程充满了戏剧的特点，并且与吞噬和产生世间万物的大地之母融为一体。

巴赫金首先强调的是，这种趣味文化超越了所有遭到禁止和不登大雅之堂事物的普遍特征；其次，他

---

[30] 米哈伊尔·巴赫金（1895—1975），俄罗斯文学家和艺术史家，现代文学理论和文学批评的重要理论家。——译者注
[31] 巴赫金：《文学与狂欢》。

强调的是此类文化与自由之间的根本关系。这种自由不仅在节日般地将笑声和人的肉体解放出来的同时，创造了无拘无束、恣意放纵的一片天地，而且与斋戒传统和清心寡欲的禁欲主义的约束与枷锁形成了鲜明对比。第三，他还强调了这种文化与人民大众非官方和非严肃的大实话的关联关系。政权、暴力和权威不仅禁止人们发出笑声，而且在普通老百姓眼中，它们已经假正经到不会发笑的地步。

　　在中世纪人的感受当中，笑声是对恐惧的胜利。他们把这种胜利不单单感受为是对神堂和教会所营造的神秘恐惧（"对神的敬畏"）或是对自然灾害恐惧的胜利，而且首先感受为是对奴役、压迫和愚弄人的情感的道德观恐惧的胜利。一切令人望而生畏的事物均变成了滑稽可笑的事物，一切令人毛骨悚然的东西都变成了神奇怪诞的百态图，在狂欢节的缤纷世界中，暴力失去了它的狰狞面目。

　　中世纪的笑声与高雅的微笑完全不同。它不是个人矜持克制的表达，而是以引人入胜的手法对人民大众生活方式的一种宣示。在不分年龄大小、不分社会地位高低、相互摩肩接踵并抛却了羞愧感和自我保护的欢聚一堂之中,狂欢节的人群将社会的高低贵贱统统抛弃到了九霄云外。

因斯大林的一道手令,巴赫金不得不在远离俄罗斯文化生活中心的流放地生活了三十年。如今,他在中世纪的欢笑声中庆祝人民群众发出庄严的不同声音的胜利。如同中世纪的笑声战胜了对暗藏的秘密、令人窒息的世界和貌似不可撼动的权力的恐惧一样,这个笑声也向人们揭示了权力和压迫、统治和光环的真实面目。在谎言、吹捧、阿谀奉承和欺世盗名面前,人民的笑声面无惧色,针锋相对。这一切均基于一种对真理的信念,这个真理将永恒生命的感觉与对另一个美好未来的憧憬紧密联系在一起。

因此,当来自批评理论界的弗朗茨·列奥波德·诺依曼不得不把希望寄托在用于对抗恐惧的、可以使人看清事物真实面目的教育事业上时,以俄罗斯形式主义传统为背景的巴赫金则试图用游戏般的和具有反抗精神的民间传统来作为对抗剥夺了个人勇气的恐惧的一剂良药。二者之间的共同之处是，以某种人类学视角为基础的觉悟意识，这种觉悟意识构成了一种抵制人们身处逆境时的恐惧、地位下降时的恐慌和自我封闭念头的公众文化可能性的条件。恐惧乃是人的现实存在的组成部分，然而，中世纪人的精神状态与当今世人的敏感心灵迥然不同。虽然狂欢节一如既往年年举行，且在其传统城市热闹非凡，但是，我们今天手中又增添了心理分析、格式塔疗法或体验旅行来作为进一步克服心理恐惧的手段。对事物的洞察认识可以使人心明眼亮，会心一笑可以使人如释重负。但与此同时，在人们对江河日下的担心和恐惧中，却始终深藏着一个要求对我们目前现状做另一番清醒认识的主题。

在大卫·理斯曼（David Riesman）[32]的《孤独

---

[32] 大卫·理斯曼（1909 — 2002），美国社会学家和律师，"公共社会学"的早期代表人物之一。——译者注

第十一章 几代人行为的经验教训

的人群》一书出版两年后，保罗·田立克（Paul Tillich）[33]的系列讲座《存在的勇气》也在美国以著作形式出版。[34]在这本书中，这位1933年被从法兰克福的约翰·沃尔夫冈·歌德大学解职后，流亡到美国的福音教神学家，提出了在恐惧的心理条件下（这种恐惧被人们体验为一种没有出路的狭隘或是一种没有方向的空虚），个人存在的可能方式的问题。

田立克同意理斯曼的一个观点（虽然他没有直接道出理斯曼的大名），即作为主体的人如今活动在一个封闭的交际世界之中。自由主义和民主制度、技术文明的出现和历史主义文化的传播，创造了一个仅仅只是社会意义上的社会。与他人之间的关系取代了与天地万物或是与隐秘深邃的心灵的关系。他人既是天空，同时也是地狱，他们可以通过赞同、鼓励和同情使我腰杆挺直、

---

[33] 保罗·田立克（1886—1965），出身于德国，因反对纳粹专制政权，于1933年流亡美国，在纽约协和神学院任教，被称为"本世纪最杰出的神学家和宗教哲学家"。

[34] 田立克：《存在的勇气》。

无所畏惧，但也可以通过否定、妒忌和疏远使我焦虑不安、走向毁灭。一切以外部环境为主导、仰他人鼻息之人，除了得到来自他人的生活帮助和对自己的了解认识之外，其他一无所得。恐惧感的根源即产生于这种无法探究的、与一种可以定夺一切的事物的关联性中，这种决定一切的事物——正如我同样无法理解和看透周围的其他人一样——无从把握、飘忽不定且难以预测。由于发生在我身上的事情也同样发生在其他人身上，所以，如同社会学的行话所表述的那样，我们在这里所面对的是所谓的"双重偶然条件"，它们使每一次的人与人之间的交流行为都变成了如履薄冰般的风险。

根据田立克的观点，人们对冰层随时塌陷和坠入生活深渊的恐惧表现在两种生存逃避行动中——在其他人面前，要么退避三舍，要么投入他们的怀抱。前者，佛教思想是其出路；后者，随波逐流是其退路。[35]

---

[35] 本人在此处遵循了田立克在德语国家中最重要的学生克劳斯·海因里希的观点，参见海因里希：《试论说"不"的处难》。

第十一章 几代人行为的经验教训

佛教的神秘主义世界观完全是在今生今世之中（无法依靠其他事物将其淡而化之）寻找摆脱失望和非失望的彼岸。约翰·凯奇（John Cage）[36]的空灵音乐、伊夫·克莱因（Yves Klein）[37]的"克莱因蓝"、莫斯·肯宁汉（Merce Cunnigham）[38]纯粹随机的舞蹈动作或是查尔斯·伊姆斯（Charles Eames）[39]和雷·伊姆斯（Ray Eames）设计的样板房等，都是借助空灵和虚无来化解恐惧的佛教思想范例。

另一条出路是在所谓"孤独的人群"中随波逐流。

---

[36] 约翰·凯奇（1912—1992），美国先锋派古典音乐和著名实验音乐作曲家，在20世纪40年代接触东方的佛教和禅宗思想后，深受其影响，并试图将其体现在音乐创作之中。——译者注

[37] 伊夫·克莱因（1928—1962），法国艺术家，新现实主义的推动者，波普艺术最重要的代表人物之一。1957年，他在意大利米兰的画展上展出了八幅同样大小、只有一种蓝色的画板，"克莱因蓝"就此诞生，随后被正式命名为"国际克莱因蓝"。克莱因认为，只有最单纯的色彩才能唤起最强烈的心灵感受。——译者注

[38] 莫斯·肯宁汉（1919—2009），美国舞蹈家和编导，其抽象舞蹈和编舞技术新颖别致，独具一格，因此，他是最有影响和最富争议的现代舞领袖人物之一。——译者注

[39] 查尔斯·伊姆斯（1907—1978）、雷·伊姆斯（1912—1988），美国设计界最著名的夫妻组合，他们设计的家具简单实用，具有强烈的时代感，极大地丰富了现代设计理论。——译者注

这个见风使舵者以时尚、娱乐和他人的情绪起伏与不满怨恨为风向标,并且表现出一种事不关己、高高挂起的态度,以求必要时在下一轮大潮来临之际能够再度跟上时代的潮流。这种流于表面的、没有主见的同流合污即是摆脱自身恐惧的经世之道。

田立克认为,如同自我充实一样,这种自我掏空的目的,仅仅是为了蒙蔽自己在有这样一种认识时的内心恐惧,即虽然人际交流是一切的一切,但是这种交流却缺乏任何基础。"虽然人生意义得到了拯救,但是,自我却遭受了牺牲。"[40]

然而,在田立克眼里,所有一切均于事无补。犬儒主义的轻蔑鄙视、怀疑主义的狂妄自大或禁欲主义的洁身自好,都无法让这样一个问题——人们怎样才能成为与之相割裂事物的一部分——完全消失。正如一个为了宣示自己拥有一方公共空间且与周围任何其他混迹在大广场上的人一样,一个为了获得心灵的平

---

[40] 田立克:《存在的勇气》,第 54 页。

第十一章 几代人行为的经验教训

静而躲进小楼成一统的我,也同样会被无聊和空虚的感觉所占据。换言之,二者皆失的危险同时存在——在与我们个体自我的统一体中,失去了对我们共同世界的分享参与。人际交流虽然不以我们的意志和控制为转移,但却需要直面以对的大无畏勇气,倘若人们想要借助、通过或是在这种不确定和开放的人际交流的反反复复当中感受并且找到自我的话。

没有他人就没有自我,没有差异性就没有同一性,没有绝望就没有希望,没有终结就没有开始,介于两者之间即是恐惧。

对此,若是有人想要遁形避世或是超脱于其上,那么,他就是向恐惧投降,对其俯首称臣。在每一种能力中看出无能,在每一种知识中发现无知,在每一个存在中洞见虚无,进而为了自己的信念从容赴死的苏格拉底,走完了他无可奈何的人生之路。这种功德圆满的无可奈何似乎已经把恐惧踩在了脚下。但是,在其大义凛然的微笑之中，这位"不耻下问"[41]的哲人失掉了一种生活的意义——由于不断地暴露自身的弱点并失去人生的方向，所以它是一种遂行生活本身的无谓生活。恐惧揭露了包装在幸运、荣耀和名誉外表之中的生活谎言的真面目，但与此同时，它也为田立克战战兢兢和犹豫不决地留下了这样的希望——没有事物必须是一成不变的。

---

[41] 博登海姆：《为什么呢？论不耻下问》。

参考文献

参考文献

1. 《"80后""90后"和"00后"改变了公司的面貌》,采访托马斯·西基,载于2012年8月9日《〈明镜周刊〉在线》。

2. 《一场新的世界经济危机?》,采访理查德·邓肯,载于 *Mittelweg 36* 双月刊,2013年第2期,第58—59页。

3. 西奥多·W. 阿多诺(合著):《弗洛伊德理论与法西斯宣传制度》,载于《心理学》杂志,1970年第7期,第486—509页。

4. 西奥多·W. 阿多诺:《权力主义人格研究》,节选章节摘自 The Authoritarian Personality(1950年),美因河畔法兰克福,1973年。

5. 尤塔·阿尔门丁戈尔:《跃升中的女性——年轻女性如今想怎样生活》,*BRIGITTE* 杂志调查文章,慕尼黑,2009年。

6. 阿尔君·阿帕杜莱:《对小数字的恐惧——关于愤怒的地理分布论文》,达勒姆和伦敦,2006年。

7. 阿尔君·阿帕杜莱:《愤怒情绪的地理分布》,柏林,2009年。

8. 汉娜·阿伦特:《人的境况》,慕尼黑,1981年。

9. 米哈伊尔·巴赫金:《文学与狂欢——论小说理论和诙谐艺术》,美因河畔法兰克福、柏林、维也纳,1985年。
10. 弗里德丽克·巴尔:《服务业社会的生存模式》,汉堡,2014年。
11. 威廉·J. 鲍莫尔:《非均衡增长的宏观经济学:城市危机解剖》,《美国经济评论》,1967年第167期,第416—426页。
12. 乌尔里希·贝克:《风险社会——走向另一个现代》,美因河畔法兰克福,1986年。
13. 马克·班泽:《对中产阶级的强取豪夺——现行政治的其他选项》,慕尼黑,2009年。
14. 彼得·贝格尔、托马斯·卢克曼:《现实的社会结构——一种知识社会学理论》,美因河畔法兰克福,1969年(1966年先出英文版)。
15. 乌尔丽克·贝格尔、克劳斯·奥费:《职员工作精简的窘境》,载于克劳斯·奥费(主编):《劳动社会:结构问题和未来前景》,美因河畔法兰克福、纽约,1984年。
16. 以赛亚·柏林:《两种自由概念》,载于同一作者,《试论自由——四篇》,美因河畔法兰克福,1995年(1958年先出英文版),第197—256页。
17. 乌尔里希·比勒菲尔德:《国家和社会——德国和法国的探讨争鸣》,汉堡,2003年。

18. 乌尔里希·比勒菲尔德:《本国的外国人——联邦德国土耳其裔青少年的社会意识》,美因河畔法兰克福、纽约,1988年。
19. 恩斯特 - 沃尔夫冈·伯肯菲尔德:《资本主义病在何处?病在自身的根本观念,必须返回起始点》,2009年4月13日《南德意志报》,第8页。
20. 扎比内·博德:《被遗忘的一代——战争年代儿童打破沉默》,斯图加特,2014年。
21. 阿伦·R.博登海姆:《为什么呢? 论不耻下问》,斯图加特,1986年。
22. 卡尔·马丁·博尔特、迪特·卡佩、弗里德赫尔姆·奈德哈特:《社会分层》,奥普拉登,1966年。
23. 皮埃尔·布尔迪厄:《区分:判断力的社会批判》,美因河畔法兰克福,1982年。
24. 米夏·布伦里克:《性格、仪表、情感或教育的可能性? 关于皮埃尔·布尔迪厄著作中的一项空白》,载于芭芭拉·弗里贝斯霍伊泽尔等(主编):《反思教育学——沿着皮埃尔·布尔迪厄思想的研究视角》,威斯巴登,2009年,第141—154页。
25. 马丁·布伯:《我与你》(1923年),载于同一作者,《对话原则》,海德堡,1973年,第7—136页。
26. 海因茨·布德:《教育的恐慌——什么分裂了我们的社会》,

慕尼黑，2011 年。

27. 海因茨·布德：《步入老年的一代：1938—1948》，美因河畔法兰克福，1997 年。

28. 海因茨·布德：《德国的职业生涯——"二战"时期学生兵一代社会地位上升者的生活构建》，美因河畔法兰克福，1987 年。

29. 海因茨·布德：《被排挤在外的人——公正社会之梦的终结》，慕尼黑，2010 年。

30. 海因茨·布德：《宗教的未来》，载于同一作者，《反讽的民族——作为时代诊断的社会学》，汉堡，1999 年，第 123—138 页。

31. 海因茨·布德：《关于自我决定的问题》，载于汉斯-格奥尔格·泽夫纳（主编）：《社会结构与社会类型学》，美因河畔法兰克福、纽约，1986 年，第 84—111 页。

32. 亚伦·西库里尔：《地位和角色谈判中的基本规则和标准规则》，载于比勒菲尔德社会学工作小组（出版人）：《常识、互动和社会现实》，莱茵贝克，1973 年，第 147—188 页。

33. 拉尔夫·达伦多夫：《现代社会冲突——自由政治文论》，斯图加特，1992 年。

34. 拉尔夫·达伦多夫：《全球阶级与新的不平等》，载于《水星月刊》，2000 年第 11 期，第 1057—1068 页。

35. 拉尔夫·达伦多夫：《社会人——试论历史、社会角色范畴的意义和批判》,奥普拉登,1977年(最早发表于1958年)。

36. 拉尔夫·达米茨:《危险系数———一种问题诊断的谱系学》,*Mittelweg 36* 双月刊,2007年第4期,第67—86页。

37. 吉尔·德勒兹:《控制与变化——1990年春与托尼·内格利谈话录》,载于同一作者,《1972—1990年谈话录》,美因河畔法兰克福,第243—253页。

38. 吉尔·德勒兹、菲利克斯·伽塔利:《千座高原——资本主义和精神分裂》,柏林,1992年。

39. 马丁·迪瓦尔德、斯特芬尼·西尔:《风险越多机遇越多吗?——1980年中期以来劳务市场流动趋向》,载于奥拉夫·施特鲁克、克里斯多夫·科勒(主编):《变革中的就业稳定性?》,慕尼黑和梅灵,2004年。

40. 克里斯蒂娜·德塞尔:《被排斥者》,2014年3月7日《南德意志报》,副刊2。

41. 汉斯-彼得·德莱赛尔:《精英概念与社会结构——社会学的概念分析》,斯图加特,1962年。

42. 汉斯-彼得·德莱赛尔:《孤独作为社会学的问题》,苏黎世,1970年。

43. 玛利亚·埃格伯特、约尔格·贝格曼:《恐惧——从现象学到人际互动》,比勒菲尔德大学跨学科研究中心:《通知》半年刊,2004年第4期,第1—12页。

44. 艾伦·埃伦贝格:《心力交瘁的自我》,美因河畔法兰克福,2008 年。
45. 艾伦·埃伦贝格:《社会中的别扭感》,柏林,2001 年。
46. 诺伯特·伊利亚斯、约翰·斯科特森:《原住民和外来人》,美因河畔法兰克福,1993 年(1965 年先出英文版)。
47. 汉斯-马格努斯·恩岑斯贝格尔:《可怕的男人——试论极端的失败者》,美因河畔法兰克福,2006 年。
48. 阿达贝尔特·埃弗斯、黑尔佳·诺沃提尼:《论与不安全打交道》,美因河畔法兰克福,1987 年
49. 弗朗索瓦·埃瓦尔德:《未雨绸缪的国家》,美因河畔法兰克福,1993 年。
50. 海迪·法因贝格:《几代人的龟缩现象——某些认同感的血统论》,《心理分析年鉴》,1987 年,第 114—142 页。
51. 艾丽卡·费舍尔-里希特:《展现形象的美学》,美因河畔法兰克福,2004 年。
52. 米歇尔·福柯:《认知的意志》(《性史》第 1 卷),美因河畔法兰克福,1977 年。
53. 罗伯特·H. 弗兰克、菲利普·J. 库克:《赢家通吃的社会——为什么顶尖的少数人比其他人得到的更多》,纽约,1995 年。
54. 特奥多尔·盖格尔:《德意志民族的社会阶层——依据统计的社交图谱试论》,1932 年第一版原版重印,斯图加特,1987 年。

55. 特奥多尔·盖格尔:《中产阶级的恐慌》,载于工会政治和经济学杂志《劳动》,1930 年,第 10 期,第 637—654 页。

56. 安东尼·吉登斯:《两性关系的演变——现代社会中的性爱、爱情和色情》,美因河畔法兰克福,1993 年。

57. 欧文·戈夫曼:《避难所——精神病人和其他收容者的社会境况》,美因河畔法兰克福,1973 年(1961 年先出英文版)。

58. 马库斯·M.格拉布卡、约阿希姆·弗里克:《萎缩中的中产阶级——口袋里的收入持续两极化的征兆?》,德国经济研究所《周报》第 75 期,2008 年 10 月,第 101—108 页。

59. 奥拉夫·格罗-桑贝格、弗洛里安·R.赫特尔:《中间阶级在走下坡路吗?论贫困和富有的长期变化》,载于妮可尔·A.贝格尔(主编):《社会中间阶层的动态》,威斯巴登,2010 年,第 138—157 页。

60. 泰德·R.戈尔:《为什么人们起来反抗》,普林斯顿、新泽西,1970 年。

61. 尤尔根·哈贝马斯:《社会意识和后传统认同》,载于同一作者,《一种损害的处理方式》,美因河畔法兰克福,1987 年,第 159—179 页。

62. 克劳斯·海因里希:《试论说"不"的难处》,美因河畔法兰克福,1982 年(1964 年首印)。

63. 乌尔里希·赫伯特:《最好——1903 年至 1989 年极端主义、世界观和理性沿革研究》,波恩,1996 年。

64. 赫伯特-匡特基金会(出版人):《在衰落和改革之间——德国的社会中间阶层一份现状报告》,美因河畔法兰克福,2007 年。

65. 乌尔丽克·赫尔曼:《乌拉!我们可以交钱啦!自欺欺人的中产阶级》,美因河畔法兰克福,2010 年。

66. 史蒂夫·E.霍布福尔:《资源的对话——证据的批判评论》,《美国心理学家》期刊,1989 年,第 513—524 页。

67. 卡伦·霍尼:《爱情的过度评价——当今时代的典型女性人格研究》,载于同一作者,《妇女心理学》,美因河畔法兰克福,1984 年,第 111—141 页(首次发表在《心理分析季刊》,1934 年,第 605—638 页)。

68. 斯特凡·赫拉迪尔:《德国的社会不平等现象》,奥普拉登,2001 年。

69. 斯特凡·赫拉迪尔、霍尔格·施密特:《恐惧和机遇——社会学视角下的社会中间阶层境况》,载于赫伯特-匡特基金会(出版人):《在衰落和改革之间——德国的社会中间阶层一份现状报告》,美因河畔法兰克福,2007 年,第 163—226 页。

70. 维尔纳·许宾格:《脆弱的小康——贫困现象和社会不公正的新调查结果》,海德堡,1996 年。

71. 克劳斯·胡勒尔曼：《年轻一代的生活状况》，载于教育和科学工会董事局（出版人）：《把未来送进学校》，比勒菲尔德，2009 年，第 14—24 页。

72. 古斯塔夫·伊弛海泽：《成功的批判——一项社会学研究》，莱比锡，1930 年。

73. 杰弗里·英厄姆：《论货币社会学的发育不良》，载于《社会学学报》，1998 年第 1 期，第 3—18 页。

74. 丹尼尔·卡内曼：《快速思考，缓慢思维》，慕尼黑，2011 年。

75. 维多利亚·卡拉斯：《铁路工会的新竞争——关于德国火车司机工会的争议》，威斯巴登，2012 年。

76. 弗朗茨·克萨维尔·考夫曼：《安全性作为社会学和社会政治的问题——关于一个高度分化社会的价值观调查》，斯图加特，1970 年。

77. 索伦·克尔凯郭尔：《恐惧的概念》，耶拿，无出版年代（哥本哈根，1844 年）。

78. 盖伊·基尔施、克劳斯·马克沙伊特：《政治家、煽动家、当权者——对政治经济理论的心理学补充》，哥廷根，1985 年。

79. 雷娜特·克歇尔：《社会政策地雷阵》，2010 年 12 月 22 日《法兰克福汇报》，第 5 页。

80. 凯·康拉德：《爱情、速配和心碎》，柏林社会研究科学中心刊物《讨论稿》，SPII，2003 年，第 309 页。

81. 西格弗里德·克拉考尔：《雇员们——来自最新德国》，美因河畔法兰克福，1971 年（首次出版于 1929 年）。
82. 伊丽莎白·屈布勒-罗斯：《临终人士访谈录》，慕尼黑，2001 年。
83. 本杰明·库克尔：《举棋不定者》，柏林，2006 年。
84. 本杰明·库克尔、凯斯·格森（主编）：《向前迈进一步——n+1 文选》，柏林，2008 年。
85. 罗纳德·D. 莱恩、赫伯特·菲利普森、A. 罗素·李：《人际关系认知》，美因河畔法兰克福，1973 年。
86. 克里斯托弗·拉施：《自我陶醉的时代》，慕尼黑，1980 年。
87. 阿尔多·莱格纳诺：《展现形象》，载于乌尔里希·布勒克林、苏珊娜·克拉斯曼、托马斯·莱姆克（主编）：《当代词汇表》，美因河畔法兰克福，2004 年，第 204—209 页。
88. 奥利弗·普莱修斯、莱因哈特·迈尔-卡尔库斯（主编）：《将演戏当职业——古滕贝格案例》，柏林，2011 年。
89. 米夏埃尔·林登：《创伤后的脆弱症》，《心理治疗和心理医学》期刊，2003 年，第 195—202 页。
90. 尼可拉斯·卢曼：《生态交流——现代社会能适应生态威胁吗？》，威斯巴登，2008 年。
91. 斯特芬·毛：《人生机遇——中产阶级漂向何方？》，柏林，2012 年。
92. 妮可尔·迈尔-安胡亚：《个体公司的前身——清洁行业

不稳定的就业状况》，经济和社会科学研究所《通知》学刊，2003年，第604—609页。

93. 罗伯特·K.莫顿：《参照群行为理论论文集》（与爱丽丝·S.罗西合著）和《参照群和社会结构中的连续性》，载于同一作者，《社会理论与社会结构》，纽约，1968年，第279—334页和第335—440页。

94. 怀特·C.米尔斯：《白领——美国的中产阶级》，牛津，1956年（首次发表于1951年）。

95. 海曼·P.明斯基：《金融市场不稳定假说：资本主义运行过程和经济行为》（1982年），载于同一作者，《不稳定和资本主义》，柏林，2011年，第21—66页。

96. 玛格丽特·米彻里希：《女人的解放和性爱》，载于同一作者，《我们必须憎恨吗？论内在和外在现实的冲突》，慕尼黑，1976年，第13—53页（首次发表于1972年）。

97. 叶甫根尼·莫洛佐夫：《为什么可以对硅谷表示憎恨》，2013年11月10日《法兰克福汇报·周日版》，第49—50页。

98. 赫尔弗里德·明克勒：《中庸和尺度——为正确的秩序而奋斗》，柏林，2010年。

99. 西格哈特·内克尔：《逃往前方——市场社会的成功文化》，美因河畔法兰克福，2008年。

100. 格罗·诺伊格鲍尔：《德国的政治环境》，弗里德里希-艾伯特基金会研究报告，波恩，2006年。

101. 丹尼尔·奥什：《重新绘制阶级地图——英国、德国、瑞典和瑞士的社会分层及机构》，贝辛斯托克，2006年。
102. 万斯·帕卡德：《寻找地位者——关于美国的阶级行为以及影响你、你的社区和你的未来的隐藏障碍之研究》，纽约，1959年。
103. 安德斯·帕门特：《"80后""90后"和"00后"的新生代人——对未来员工的鼓励、融入和领导》，威斯巴登，2013年。
104. 塔尔科特·帕森斯：《论西方工业国家社会结构中攻击性的本质原因和形式》（1947年），载于同一作者，《社会学理论文集》，迪特里希·吕舍迈尔主编，新维德，1964年，第223—255页。
105. 安妮特·佩恩特：《恐惧词典》，慕尼黑和苏黎世，2013年。
106. 比吉特·彼得斯：《名人——其发展和作用的社会学分析》，奥普拉登，2008年。
107. 吕迪格·波伊克特：《社会变革中的家庭形态》，斯图加特，2008年。
108. 菲利普·普里克特：《四分之一独立执业者收入微薄》，2014年1月6日《法兰克福汇报》，第17页。
109. 海因里希·波皮茨：《作为社会学元素的社会角色概念》，图宾根，1992年。
110. 克里斯蒂安·波斯特贝格：《权力和金钱——论金钱式宪

法的社会意义》,美因河畔法兰克福,2013年。

111. 罗伯特·赖希:《新世界经济——民族经济的终结》,美因河畔法兰克福,1997年。

112. 乌多·赖夫纳:《金钱社会——从金融危机汲取教训》,威斯巴登,2010年。

113. 霍斯特-艾伯哈特·里希特:《父母、孩子和神经官能症》,莱茵贝克,1972年。

114. 大卫·理斯曼、瑞尔·丹尼、内森·格莱泽:《孤独的人群——美国式性格变化之研究》,汉堡,1958年(美国首次出版于1950年)。

115. 富兰克林·D. 罗斯福:《1933年3月4日就职演说》,载于山缪尔·罗森曼(主编):《富兰克林·D. 罗斯福公开文集》,第二卷《危机之年——1933年》,纽约,1938年,第11—16页。

116. 瓦尔特·G. 朗西曼:《相对剥夺和社会正义——对20世纪英国社会不平等现象认识态度之研究》,伦敦,1966年。

117. 詹姆斯·索尔特:《所有这一切》,柏林,2013年。

118. 马克斯·舍勒:《道德构建中的怨愤》(1912年),载于同一作者,《价值的坍塌——学术论文和文章》,第4版,伯尔尼,1955年,第33—148页。

119. 娜丁·M. 舍内克、斯特芬·毛、尤尔根·舒普:《感觉到的不安全——德国民众的财产丧失恐惧和地位下降忧虑》，《社会经济学小组论文》第 428 期，德国经济研究所，柏林，2011 年。

120. 罗尔夫·舍尔肯：《空军帮凶和第三帝国——一种政治观的产生》，斯图加特，1984 年。

121. 哈拉尔德·舒尔茨 - 亨克：《被阻碍的人——新心理分析教科书初稿》，斯图加特，1989 年（首次出版于 1940 年）。

122. 赫尔曼·舒尔茨、哈特穆特·拉德博尔德、尤尔根·罗伊莱克：《没有父亲的儿子们——战争年代一代人的经历》，柏林，2004 年。

123. 瓦尔特·舒尔茨：《近代哲学中的恐惧问题》，载于霍伊马·冯·迪特福特（主编）：《恐惧面面观》，慕尼黑，1977 年，第 13—37 页。

124. 理查德·森内特：《权威》，美因河畔法兰克福，1990 年。

125. 理查德·森内特：《随机应变的人——新资本主义文化》，柏林，1998 年。

126. 理查德·森内特：《公众生活的衰落和终结——隐私的暴政》，美因河畔法兰克福，1983 年。

127. 菲利普·施塔布：《服务行业中的权力和统治》，汉堡，2014 年。

128. 哈里·斯塔克 - 沙利文：《精神病学的人际理论》，纽约，1953 年。

129. 乌尔斯·施特赫里：《断网吧！不上网的实践和美学》，

载于 Mittelweg 36 双月刊，2013 年第 4 期，第 3—28 页。

130. 多尔夫·施特恩贝格：《宪政爱国主义》，载于同一作者，《文集》，第 10 卷《宪政爱国主义》，美因河畔法兰克福，1990 年，第 3—16 页（首次发表于 1979 年 5 月 23 日《法兰克福汇报》，第 1 页）。

131. 伊丽莎白·祖默：《社会让人罹患抑郁症了吗？——通过社会学和心理治疗结果看艾伦·埃伦贝格的"心力交瘁自我"理论》，比勒菲尔德，2008 年。

132. 哈里斯·波尔民意调查机构：The 2012 Annual RQ Public Summary Report: A Survey of the U.S.General Public Using the Reputation Quotient，登录网址 www.harrisinteractive.com/Vault/2012_Harris_Poll_RQ_Summary_Report.pdf[5.5.2014]，可查阅相关民调结果。

133. 保罗·田立克：《存在的勇气》，斯图加特，1968 年。

134. 恩斯特·图根特哈特：《自我中心和神秘主义——一项人类学研究》，慕尼黑，2003 年。

135. 约瑟夫·福格尔：《犹豫不决面面观》，苏黎世，2007 年。

136. 保罗·瓦茨拉威克、珍妮特·H.比文、多恩·D.杰克逊：《人际交流——形式、干扰、自相矛盾》，伯尔尼，1969 年。

137. 马克斯·韦伯：《民族群体关系》，载于同一作者，《经济与社会》，图宾根，1972 年（首次发表于 1921 年），第 4 章，第 234—244 页。

138. 米歇尔·维特:《无条件的一代——帝国安全总局领导集团》,汉堡,2002年。
139. 多米尼克·威尔逊、拉库拉·德拉古萨努:《中间阶层的扩大:世界中产阶级爆炸式的增长和全球不平等现象的减少》,《高盛银行全球经济论文》第170期,2008年。
140. 莱昂·沃姆泽:《羞耻感的面具——羞耻感和羞耻感冲突的心理分析》,柏林,1993年。
141. 阿尔伯特·察赫尔:《病患的历史与"未遂行的生活"》,《临床心理学、心理病理学和心理治疗》期刊,1985年,第51—57页。
142. 肖莎娜·祖波夫:《智能机器时代——工作和权力的未来》,纽约,1988年。
143. 肖莎娜·祖波夫:《总统先生,我们正面临深渊》,2014年1月17日《法兰克福汇报》,第31页。

鸣 谢

在此,我要对萌生撰写本书想法的比吉特·奥特女士,对耐心细致编辑此书的扎比内·拉莫斯女士和对不失时机促成我动笔写作此书的扬·菲利普·雷姆茨马先生表示谢意。

感谢我的太太卡琳·维兰特,她像往常那样使我避免陷入看问题一成不变的窠臼;感谢我的女儿波拉,我们在乘坐有轨电车时就重要的想法共同进行了探讨。

海因茨·布德,2014年6月

著作权合同登记号 图字：01-2017-7554

图书在版编目(CIP)数据

焦虑的社会：德国当代的恐惧症 /（德）海因茨·布德（Heinz Bude）著；吴宁译. — 北京：北京大学出版社，2020.7
（雅努斯思想文库）
ISBN 978-7-301-30215-6

Ⅰ.①焦… Ⅱ.①海… ②吴… Ⅲ.①社会问题-研究-德国-现代 Ⅳ.① D751.68

中国版本图书馆 CIP 数据核字（2020）第 086259 号

Originally published in German as Gesellschaft der Angst
© 2014 by Hamburger Edition HIS Verlagsges. mbH, Hamburg, Germany
This translation from German is published by arrangement with Hamburger Edition.

The translation of this work was financed by the Goethe-Institut China.
本书获得歌德学院（中国）全额翻译资助

Simplified Chinese Edition © 2020 Peking University Press
All Rights Reserved.

书　　名	焦虑的社会：德国当代的恐惧症 JIAOLV DE SHEHUI：DEGUO DANGDAI DE KONGJUZHENG
著作责任者	[德]海因茨·布德（Heinz Bude）著　吴宁 译
责任编辑	张丽娉
标准书号	ISBN 978-7-301-30215-6
出版发行	北京大学出版社
地　　址	北京市海淀区成府路205号　100871
网　　址	http://www.pup.cn 新浪微博：@北京大学出版社 @培文图书
电子信箱	pkupw@qq.com
电　　话	邮购部010-62752015　发行部010-62750672　编辑部010-62750883
印　刷　者	天津联城印刷有限公司
经　销　者	新华书店
	787毫米×1092毫米　32开本　8.625印张　115千字 2020年7月第1版　2020年7月第1次印刷
定　　价	69.00元

未经许可，不得以任何方式复制或抄袭本书之部分或全部内容。
版权所有，侵权必究
举报电话：010-62752024　电子信箱：fd@pup.pku.edu.cn
图书如有印装质量问题，请与出版部联系，电话：010-62756370